Tim Schreder
Das neue Geld

PIPER

Zu diesem Buch

»Bitcoin«, »Kryptowährung«, »Blockchain« oder »Mining« – über digitale Währungen und die Technologien, die sich dahinter verbergen, wird derzeit auf allen Kanälen berichtet. Neben dem prominentesten Vertreter dieser neuen Währungsformen, dem Bitcoin, gibt es zahllose weitere Kryptowährungen mit so exotischen Namen wie Litecoin, Ripple oder Ethereum. Sie alle wollen die Art, wie wir jeden Tag bezahlen, grundlegend revolutionieren: Eine globale, von Staaten und Banken unabhängige digitale Währung, mit der jeder Mensch innerhalb von Millisekunden kostenlos Geld an jeden anderen Menschen auf der Welt senden kann – das ist die große Idee, die hinter Kryptowährungen steht.

Haben Sie auch noch nicht ganz verstanden, wie das alles funktioniert? Dieses Buch beantwortet die wichtigsten Fragen rund um das »neue Geld« auf verständliche Art und Weise – für alle, nicht nur Finanzexperten und Investmentprofis.

Tim Schreder, geboren 1991, moderiert seit 2010 die Nachrichtensendung *logo!* und ist als Reporter für das ZDF weltweit im Einsatz. Er berichtete u. a. von den US-Präsidentschaftswahlen und der Fußball-WM in Brasilien. Für seine Reportage zur Flüchtlingskrise wurde er 2016 für den Grimme-Preis nominiert. Zusammen mit seiner Kollegin Jennifer Sieglar verfasste er den Spiegel-Bestseller »Ich versteh die Welt nicht mehr«, erschienen im Piper Verlag. Tim Schreder lebt in Frankfurt.

Tim Schreder

DAS NEUE GELD

Bitcoin, Kryptowährungen und Blockchain
verständlich erklärt

Mit 7 Schwarz-Weiß-Abbildungen

PIPER

Mehr über unsere Autoren und Bücher:
www.piper.de

Von Tim Schreder liegt im Piper Verlag vor:
Ich versteh die Welt nicht mehr (mit Jennifer Sieglar)

MIX
Papier aus verantwor-
tungsvollen Quellen
FSC® C083411

Originalausgabe
ISBN 978-3-492-30746-8
Mai 2018
© Piper Verlag GmbH, München 2018
Umschlaggestaltung: FAVORITBÜRO, München
Umschlagabbildung: Shutterstock/Wit Olszewski
Satz: Kösel Media GmbH, Krugzell
Gesetzt aus der ITC Galliard Std
Druck und Bindung: CPI books GmbH, Leck
Printed in the EU

INHALT

VORWORT

Vor ein paar Wochen fand ich zufällig einen alten Chat-verlauf aus dem Jahr 2011 auf meinem Smartphone. Mit zwei guten Freunden schrieb ich über Bitcoins und wie es damit wohl weitergehen könnte. Der Kurs hatte gerade die 1-Dollar-Marke geknackt – Wahnsinn, dachten wir damals! Es war gerade erst ein paar Monate her, da hatte ein Bitcoin nur ein paar Cent gekostet. War das eine Blase, die bald platzen würde – oder erst der Anfang von etwas noch Größerem?

»Vielleicht sollte jeder von uns 200 Bitcoins kaufen. Wer weiß, was die in ein paar Jahren wert sind?«, schrieb ich damals an meine Freunde. Leider haben wir es nicht gemacht, als Berufsanfänger und Studenten konnten wir das Geld einfach viel besser dafür gebrauchen, das Auto endlich mal wieder vollzutanken oder einen IKEA-Tisch für die neue Bude zu kaufen. In so etwas Hochspekulati-ves wie Bitcoins zu investieren kam uns irgendwie doch ein wenig zu verrückt vor. Schade eigentlich, denn hätten wir damals jeweils 200 Bitcoins gekauft, hätten wir sie im Dezember 2017 für knapp 20 000 Dollar pro Stück verkau-fen können – jeder von uns wäre heute vierfacher Millio-när. Beim Blick auf den alten IKEA-Tisch im Keller mag das wie ein unglaublich schlechter Tausch erscheinen, aber wer hätte das vor sieben Jahren schon ahnen können?

Der wundersame Kursanstieg des Bitcoins, der viele Menschen, die mutiger waren als wir, im Handumdrehen unglaublich reich gemacht hat, ist wohl der Hauptgrund dafür, dass das Interesse an der »mysteriösen« Kryptowährung so groß geworden ist. Klar, wer würde nicht gerne durch eine clevere Anlage von heute auf morgen steinreich werden? Falls Sie sich vor allem aus diesem Grund für Kryptowährungen interessieren, muss ich Sie an dieser Stelle aber direkt warnen: Mit Bitcoin-Spekulationsgeschäften kann man nicht nur reich, sondern auch bettelarm werden, und zwar schneller, als einem lieb sein kann. Hätten Sie beispielsweise im Dezember 2017 für 20 000 Dollar einen Bitcoin gekauft, hätten Sie innerhalb von nur wenigen Wochen mehr als 10 000 Dollar verloren. Anders, als es von außen oft scheint, ist es nämlich keineswegs so, dass der Kurs von Kryptowährungen immer nur steigt. Genauso schnell wie hinauf geht es an anderen Tagen auch wieder hinab. Wenn Sie im falschen Moment investieren, kann Ihnen ein plötzlicher Kursrutsch schnell das Genick brechen. Im Jahr 2017 hat der Bitcoin nämlich nicht nur alle Höhenrekorde gebrochen, sondern auch drei Mal innerhalb kürzester Zeit fast die Hälfte seines Werts wieder verloren.

Die gigantischen Spekulationsgewinne, die bei Kryptowährungen möglich sind, mögen zwar verlockend sein, aber das eigentlich Sensationelle an dem Thema ist etwas anderes: Noch viel spannender ist nämlich die Idee, die hinter Kryptowährungen steckt. Bitcoin, Ethereum, Litecoin und Co. wollen mit unserem klassischen Geld das machen, was E-Mails, WhatsApp, Facebook und Co. mit der Post gemacht haben – es weitestgehend ersetzen. Der Boom der Kryptowährungen könnte nicht weniger als der Beginn einer Revolution unseres Geldsystems sein,

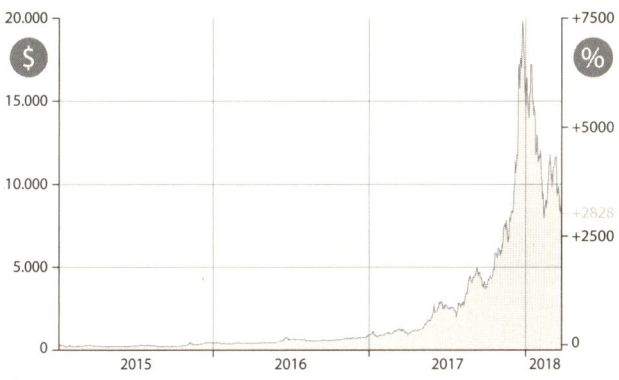

Bitcoin-Chartverlauf seit 2015 in US-Dollar

und die Konsequenzen, die das für uns alle haben könnte, sind kaum abzusehen.

Stellen Sie sich eine Welt ohne von Staaten und Banken kontrollierte Währungen vor! Anonym, selbstbestimmt und nahezu ohne Transaktionskosten könnten Sie innerhalb von Millisekunden digitales Geld an jeden anderen Menschen auf der ganzen Welt schicken. Und das ist noch längst nicht alles. Immer mehr Kryptowährungen sind programmierbar, und bald schon könnten Maschinen, Roboter und künstliche Intelligenzen vollautomatisch untereinander mit Kryptowährungen handeln. Was für uns heute noch ziemlich verrückt klingt, könnte schon in naher Zukunft Wirklichkeit werden. Ja, das Spannendste an Kryptowährungen (beziehungsweise der Technik dahinter) ist, dass sie das Zeug haben, unsere Welt zu verändern. Was in früheren Zeiten der Buchdruck oder die Dampfmaschine war, könnten morgen schon die Kryptowährungen sein: nicht weniger als eine revolutionäre Technologie.

Vieles in diesem Buch wird für Sie vielleicht ein wenig 9

nach Zukunftsspinnerei klingen, aber bitte vergessen Sie nie: Hätte Ihnen vor zehn Jahren jemand erzählt, dass Menschen in naher Zukunft mit einem Gerät so groß wie ein Kartenspiel Fotos von sich selbst mit Hasenohren machen, um sie anschließend durch die ganze Welt zu verschicken, hätten Sie das vermutlich auch nicht geglaubt. Es lohnt also, sich ernsthaft mit dem Thema Kryptowährungen zu beschäftigen – ganz egal, aus welchem Motiv Sie das tun. Selbst die Direktorin des Internationalen Währungsfonds (IWF), Christine Lagarde, hat 2017 bei einer Konferenz der Bank of England in London gesagt, dass virtuelle Währungen in den nächsten 20 Jahren nationale Währungen ablösen könnten.

Wie komme nun aber ausgerechnet ich dazu, Ihnen die Welt des neuen Geldes erklären zu wollen? Weil ich einerseits noch immer meiner entgangenen Chance, durch Nichtstun vierfacher Millionär zu werden, hinterhertrauere und andererseits die Idee hinter Kryptowährungen wahnsinnig spannend finde, habe ich mich in den vergangenen Jahren viel mit diesem Thema beschäftigt. In meinem Freundes-, Kollegen- und Familienkreis bin ich mittlerweile zu einer Art »Krypto-Experten« aufgestiegen, der regelmäßig befragt wird, wenn nach der tagesaktuellen Berichterstattung zum Thema Bitcoin wieder mal nur Fragezeichen übrig bleiben. Weil das Interesse an verständlichen Erklärungen der Kryptowelt mit der Zeit immer größer wurde, habe ich mich dazu entschieden, dieses Buch zu schreiben. Anders als viele andere Bücher zu dem Thema werde ich Ihnen keine vermeintlich sicheren Investitionsstrategien für Kryptowährungen anbieten – wenn ich die hätte, würde ich sie wohl einfach selbst anwenden. Darum geht es mir nicht. In diesem Buch werde ich Kryptowährungen weder glorifizieren noch dämonisieren. Ich möchte lediglich eines: Ihnen einfach und verständlich auf journalistische Art und Weise erklären, was Kryptowährungen sind, wie sie funktionieren, was sie für unsere Welt bedeuten und wie Sie davon profitieren könnten. Was Sie mit diesem Wissen dann machen, bleibt am Ende einzig und allein Ihre Entscheidung.

Noch etwas ist mir vorab wichtig zu sagen. Ich behaupte, dass die grundlegende Funktionsweise von Kryptowährungen durchaus für jedermann verständlich ist. Wenn Sie sich ein wenig Zeit nehmen, können Sie das Grundprinzip dahinter verstehen – das ist meine feste Überzeugung. Um diese Verständlichkeit zu erreichen, muss ich allerdings an der einen oder anderen Stelle ein wenig vereinfachen und mich einiger Vergleiche bedienen, die der komplexen Technik dahinter nicht ganz gerecht werden. Wenn es nämlich in die Tiefe der Programmierung und der Kryptografie geht, wird es sehr schnell unfassbar kompliziert und unverständlich. Das macht aber nichts! Sie müssen ja auch nicht genau verstehen, wie ein Geldautomat programmiert ist, um zu verstehen, wie er funktioniert. Sie müssen keine komplizierten volkswirtschaftlichen Theorien im Detail verstehen, um zu wissen, wie unser heutiges Geldsystem grundsätzlich aufgebaut ist. Ein ähnliches Verständnislevel möchte ich in diesem Buch für Kryptowährungen erreichen und vermitteln. Wer sich noch mehr Details in Sachen Programmierung wünscht, dem empfehle ich im Anschluss an dieses Buch weiterführende Informationen. Jetzt legen wir aber erst mal mit den Grundlagen los!

WAS IST GELD?

Bevor wir aber so richtig loslegen, muss ich noch mal kurz auf die Bremse treten. Ich habe dieses Buch *Das neue Geld* genannt, und zwar aus gutem Grund: Kryptowährungen wollen das neue Geld werden und unser heutiges Geld ablösen. Ob sie das wirklich schaffen können oder am Ende doch nur für zwielichtige Machenschaften im Internet zu gebrauchen sind, ist noch völlig unklar. Um aber überhaupt zu verstehen, was Kryptowährungen sind, müssen wir uns zunächst einmal mit dem »alten Geld« beschäftigen. Denn nur wenn wir den Status quo wirklich kennen, können wir verstehen, was am »neuen Geld« überhaupt so neu und innovativ ist.

Wir starten zunächst mit einer vermeintlich einfachen Frage: Was ist Geld? Je länger Sie darüber nachdenken, desto mehr werden Sie feststellen, dass diese Frage gar nicht so einfach zu beantworten ist, wie man vielleicht zunächst denkt. Lösen wir das Rätsel Stück für Stück und beginnen mit dem Offensichtlichen.

Geld ist ein Zahlungsmittel, das in verschiedenen Formen daherkommt, als Papiergeld, als Münzen oder aber auch einfach als Zahlen auf einem Bildschirm. Wenn Sie etwas haben wollen, können Sie es mit Geld kaufen – wollen Sie etwas nicht mehr haben, können Sie es für Geld verkaufen. Kaufen Sie ein Paar Schuhe, werden bei Ihnen

100 Euro abgezogen und beim Schuhverkäufer hinzugefügt. Dafür, dass Sie in Ihrer Mietwohnung leben, müssen Sie Ihrem Vermieter jeden Monat 1000 Euro überweisen. Und wenn Sie Pech haben, ist Ihr Konto gerade ein paar Tausend Euro in den Miesen, was dann wohl bedeutet, dass Sie der Bank Geld schulden. Wenn wir für jemand anderen arbeiten, gibt uns diese Person dafür Geld. Im Grunde genommen ist Geld nichts anderes als eine Art Buchhaltungssystem. Mit Geld können wir eindeutig festlegen, wem was gehört, wer was besitzt und wer wem etwas schuldet. In der wissenschaftlichen Theorie wird Geld gerne auch als Gedächtnis betrachtet. Das Gedächtnis Geld erinnert, wer wie viel besitzt und wer wem etwas schuldet. Geld ist ein allgemein anerkanntes Tauschmittel, mit dem wir alle möglichen Waren und Dienstleistungen untereinander austauschen können. Dabei ist es völlig egal, ob physisch Scheine und Münzen übergeben werden, ob Geld online überwiesen oder ein Guthaben im guten alten Sparbuch notiert wird. Wichtig ist eben nur, dass Geld eindeutig definiert, wer wie viel hat.

Das Verrückte an Geld ist: Es ist ein Tauschmittel ohne inneren Wert – der Fachbegriff dafür ist *Fiatgeld*. Anders als ein Tauschmittel mit innerem Wert, wie beispielsweise Gold oder Tabak, ist Geld als solches vollkommen wertlos. Probieren Sie doch mal, einen Geldschein oder eine 50-Cent-Münze zu konsumieren, damit zur Arbeit zu fahren oder etwas anderes Sinnvolles damit anzufangen – es wird Ihnen kaum gelingen. Im Grunde genommen ist Geld nichts anderes als ein Stück Papier mit Zahlen drauf beziehungsweise ein paar Ziffern im Computer. Wenn ein Außerirdischer auf die Erde käme, würde er wahrscheinlich annehmen, dass die Verkäuferin oder Ihr Vermieter nicht ganz bei Trost sind, dass sie Ihnen für ein paar bunte Papierscheine oder ein paar Ziffern im Computer neue Schuhe und eine Wohnung, die sehr wohl einen hohen inneren Wert haben, überlassen. Warum also funktioniert dieses System, obwohl die Verkäuferin und Ihr Vermieter keine psychische Beeinträchtigung haben, so verlässlich?

Die verblüffend einfache Antwort lautet: Vertrauen. Geld funktioniert, weil alle daran glauben, Geld wird anerkannt, weil es anerkannt wird. Ein Ladenbesitzer akzeptiert deshalb Ihr Geld im Tausch gegen seine Waren, weil er weiß, dass er dieses Geld seinerseits wieder gegen andere Waren und Dienstleistungen eintauschen kann. Vertrauen ist der entscheidende Baustein, auf dem unser heutiges Geldsystem beruht.

Aber warum vertrauen wir in unser Geld? Kann jeder hingehen und ein paar leere DIN-A4-Blätter mit Ziffern bemalen oder mit Monopoly-Geldscheinen seine Brötchen bezahlen? Nein, ganz so einfach ist es natürlich nicht. Damit wir Geld vertrauen, muss es jemanden geben, der sich um das Geld kümmert, das heißt, wir brauchen eine vertrauenswürdige Institution, die wie ein Schiedsrichter darüber wacht und garantiert, dass das Geld echt ist und dass es nicht einfach gefälscht, kopiert oder vernichtet werden kann. Die Institution muss sich außerdem darum kümmern, dass weder zu viel noch zu wenig Geld im Umlauf ist, damit das Geld in einem vernünftigen Verhältnis zu den hergestellten Waren und Dienstleistungen steht.

Diese Funktionen übernehmen in unserer heutigen Welt Banken, Zentralbanken und Staaten – seit Hunderten von Jahren ist das so. Deshalb haben wir heutzutage Währungen, die von Staaten und Zentralbanken ausgegeben und kontrolliert werden. Die großen Server, auf denen gespeichert ist, wer wie viel Geld auf seinem Konto hat, stehen bei den Banken. Die Zentralbanken drucken

Scheine und lassen Münzen prägen, während sich die Banken darum kümmern, dass Überweisungen ankommen, Kreditkarten funktionieren und Schecks ausgegeben werden. Völlig gleich, ob Euro, Dollar oder Rubel – das System ist immer das gleiche. In unserer heutigen Welt gewährleisten Zentralbanken und Banken, dass die gesamte Infrastruktur unseres Geldsystems reibungslos funktioniert. Durch diese Arbeit sorgen sie dafür, dass die Menschen dem Geld vertrauen, und sichern dadurch letztlich seine Funktion als Zahlungsmittel.

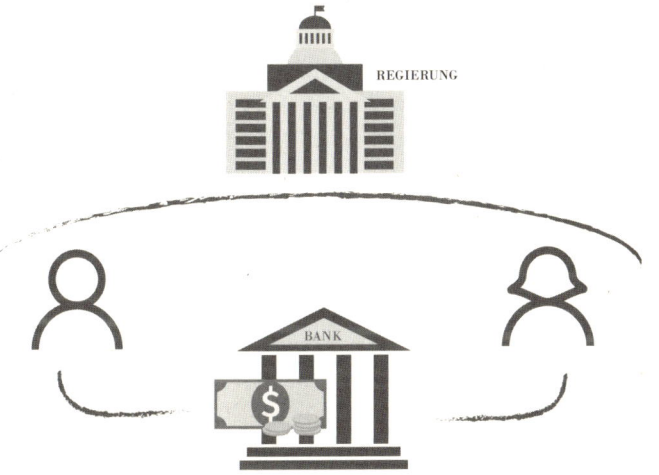

In unserem heutigen Geldsystem braucht es für den Zahlungsverkehr also drei Parteien: einen Käufer, einen Verkäufer und eine dritte, unabhängige Institution in der Mitte, die sicherstellt, dass die stattfindende Geldtransaktion reibungslos funktioniert. Wir vertrauen den Banken, dass die Scheine, die sie ausgeben, echt sind und dass die Kontostände, die uns online oder in der Filiale angezeigt werden, der Wahrheit entsprechen. Die Banken regeln die gesamte Logistik unseres Zahlungssystems – wenn Sie eine Überweisung anordnen, ganz egal, ob auf Papier bei Ihrer Bankfiliale oder online im Browser, sorgt das Bankennetz dafür, dass das Geld sicher dort ankommt, wo es hingehört, und auch dafür, dass es auf Ihrem Konto abgezogen wird. Wenn wir uns unser Geldsystem als Buch vorstellen, in dem einfach nur geschrieben steht, wer wie viel hat und wer was an wen gezahlt hat – Sie werden später noch merken, warum dieser Buchvergleich so praktisch ist –, dann sorgen die Banken dafür, dass dieses Buch immer korrekt geführt wird. Die Banken sind die Buchhalter unseres Geldsystems, und weil wir den Banken vertrauen, funktioniert unser Geld. Meistens zumindest.

Denn keineswegs funktioniert unser heutiges Geldsystem immer so gut, wie wir im Alltag oft denken. Die Geschichte hat das schon einige Male auf eindrucksvolle Art und Weise bewiesen, zuletzt 2008 bei der weltweiten Bankenkrise. Staatliche Währungen können rasend schnell an Wert verlieren, wenn sich Zentralbanken und Staaten nicht anständig darum kümmern oder wenn die Bevölkerung das Vertrauen verliert. Einen solchen Untergang einer nationalen Fiatwährung konnte man gerade erst in Venezuela sehr gut beobachten, wo der heimische Bolívar aufgrund einer Hyperinflation quasi vollkommen wertlos wurde und ihn wegen des Staatsbankrotts 2017 niemand mehr akzeptieren wollte. (Um die Krise wieder in den Griff zu bekommen, kam Venezuelas Regierung unter anderem auf die Idee, eine eigene Kryptowährung, den *Petro*, einzuführen. Es ist die erste staatliche Kryptowährung der Welt – über ihre Auswirkungen und ihr Funktionieren lässt sich bei Erscheinen dieses Buches allerdings nur spekulieren, weil erst Ende Februar 2018 die ersten digitalen Münzen verkauft wurden. Der Petro ist an den Preis eines Barrels Öl gebunden, daher auch sein Name in Anlehnung an den Petrodollar.)

Doch nicht nur, dass unser heutiges Geld nicht immer funktioniert, Krypto-Unterstützer haben auch ganz grundsätzlich einiges daran zu kritisieren. Es mag zwar praktisch sein, die Aufgabe des Schiedsrichters einer dritten, unabhängigen Institution anzuvertrauen – ein solch zentralisiertes Geldsystem bringt aber gleich mehrere Probleme mit sich.

Erstes Problem: Die Gefahr des Missbrauchs! Wissen Sie wirklich, was Banken mit Ihrem Geld machen? Können Sie sich wirklich sicher sein, dass immer alle Transaktionen korrekt ausgeführt werden? Wie viel neues Geld drucken die Zentralbanken und warum? Mit welchem Recht haben sie eigentlich das Monopol dazu, und welche Ziele verfolgen sie mit ihrer Geldpolitik? Kritiker meinen, dass Staaten und Zentralbanken das Geldmonopol ausnutzen, um sich Vorteile zu verschaffen beziehungsweise Probleme zu lösen. Gerät ein Staat beispielsweise in eine Finanzkrise, kommt er also in Zahlungsschwierigkeiten, dann lässt er die Zentralbank einfach mehr Geld drucken. Widerspricht der Wechselkurs der eigenen Währung den wirtschaftlichen Interessen des Landes, kann eine Zentralbank versuchen, die Währung auf- oder abzuwerten. Ist die eigene Währung beispielsweise sehr stark, sind die eigenen Produkte im Ausland sehr teuer, was den Export bremst. Um den Export wieder anzukurbeln, können Zentralbanken die Währung abwerten, indem sie die Geldmenge erhöhen. Das mag dann zwar den Interessen des jeweiligen Landes entsprechen, kann weltweit betrachtet allerdings zu Ungleichgewichten führen. Krypto-Unterstützer sind deshalb der Meinung, dass keine Institution derartigen Einfluss auf Währungen haben sollte.

Zweites Problem: Angreifbarkeit! In unserem heutigen Geldsystem stehen, vereinfacht gesagt, große Server bei

Banken und Zentralbanken, die digitale Zahlungen abwickeln. Trotz vieler Sicherheitsvorkehrungen ist es theoretisch möglich, dass diese Server gehackt oder zerstört werden. Das könnte zu großen Schäden im Geldsystem führen, weil Funktionen und Daten des Geldsystems dadurch verloren gehen könnten. Auch Geldscheine und Münzen sind trotz größter Sicherheitsvorkehrungen nicht hundertprozentig fälschungssicher. Immer wieder gibt es neue Rekordmeldungen zur Menge des Falschgelds. So sicher, wie wir oft denken, ist unser heutiges Geldsystem also nicht.

Und dann gibt es noch ein drittes Problem: Abhängigkeit! In unserem heutigen Geldsystem sind wir bei Zahlungsvorgängen vollkommen abhängig von Banken. Eine Überweisung oder eine Kreditkartenzahlung können wir nur über eine Bank ausführen. Geld geht also nie direkt von Ihnen zu Ihrem besten Freund oder Ihrer besten Freundin. Der Zahlungsauftrag geht von Ihnen immer über die Bank als Zwischenhändler. Ja, sogar bei einer Bargeldzahlung sind wir letztlich auf Banken angewiesen, weil wir nur dort Bargeld abheben können und nur Scheinen und Münzen vertrauen, die von der Zentralbank ausgegeben wurden. Der besten Freundin oder dem besten Freund Geld schicken, ohne dass in irgendeiner Form eine dritte Institution daran beteiligt ist, geht nicht! Das schafft nicht nur Abhängigkeit, es verhindert gleichzeitig auch Anonymität, bei (digitalen) Überweisungen mehr noch als bei Barzahlungen. Banken und dadurch auch Staaten erhalten viele Informationen über stattfindende Transaktionen. Man kann also sagen, anonyme Zahlungen sind nichts, was in unserem heutigen System als erstrebenswert betrachtet wird.

Zeit für eine kurze Zusammenfassung: Unser heutiges Geldsystem ist ein System mit Geld ohne inneren Wert, das wie eine Art Gedächtnis als allgemeines Tauschmittel für Waren und Dienstleistungen funktioniert. Das System beruht auf Vertrauen, das durch Staaten, Zentralbanken und Banken als zentrale Institutionen hergestellt beziehungsweise gewährleistet wird. Das hat den Vorteil, dass wir uns stets ziemlich sicher sein können, dass sich jemand anständig und vertrauenswürdig um unser Geld kümmert. Gleichzeitig hat das System den Nachteil, dass Staaten das Geldmonopol für ihre Zwecke missbrauchen könnten und dass wir für alle Zahlungsvorgänge immer auf Banken angewiesen sind. Das ist in einfachen Worten also der Hintergrund, vor dem wir nun endlich zum vermeintlich »neuen Geld« kommen. Es gibt nämlich viele Menschen, die das bestehende System heftig kritisieren, es für anfällig und überholt halten. Ihre Lösung besteht im Einsatz von Kryptowährungen, mit denen sie das klassische Geldsystem geradezu auf den Kopf stellen wollen!

WAS SIND KRYPTOWÄHRUNGEN?

Beginnen wir mit den wichtigsten Begrifflichkeiten. Kryptowährungen sind digitale Währungen. Sie heißen deshalb »Krypto«-Währungen, weil sie auf Prinzipien der Kryptografie, also der Verschlüsselungswissenschaft, beruhen – wie genau, das werde ich später noch beschreiben (insbesondere im nächsten Kapitel). Bitcoin, Ethereum oder auch Litecoin – all das sind unterschiedliche Kryptowährungen, genau wie Euro, Dollar oder Rubel unterschiedliche klassische Währungen sind. Aktuell gibt es mehr als 4000 verschiedene Kryptowährungen auf der Welt. Eine einzelne Einheit einer Kryptowährung bezeichnen wir als Coin (vom englischen Wort für Münze). Bei Bitcoin ist das ein wenig verwirrend, weil sowohl die Währung als Ganzes als auch die einzelne Einheit Bitcoin heißt.

Apropos Einheit, hier können wir schon einen wichtigen Unterschied zu klassischen Währungen feststellen: Kryptowährungen sind nahezu unendlich teilbar. Während beispielsweise beim Euro 0,01 – also ein Cent – die kleinste mögliche Einheit ist, ist beim Bitcoin 0,00000001 Bitcoin die kleinste mögliche Einheit. Diese kleinste Einheit wird übrigens gerne auch Satoshi genannt, mehr dazu im Kapitel »Was ist Bitcoin?«.

Ansonsten haben Kryptowährungen auf den ersten

Blick viel mit unserem heutigen Geld gemeinsam. Genau wie klassisches Geld sind Kryptowährungen nichts anderes als eine Art Gedächtnis oder Buchhaltungssystem, in dem festgehalten wird, wem was gehört. Auch Kryptowährungen sind ein Tauschmittel, mit dem völlig unterschiedliche Waren und Dienstleistungen untereinander ausgetauscht werden können. Und genau wie unser heutiges Geld haben auch Kryptowährungen keinen inneren Wert, auch sie sind folglich Fiatgeld. Auch mit Bitcoins und Co. können Sie nicht nach Hause fahren oder ein undichtes Rohr flicken. Was ist nun also so neu am »neuen Geld«?

Der wohl offensichtlichste Unterschied besteht darin, dass Kryptowährungen rein digital sind. Es gibt also keine Münzen oder Scheine, die man in sein Portemonnaie stecken könnte. Allerdings kann man, wie ich später noch erklären werde, Kryptocoins in gewisser Form auf USB-Sticks oder Festplatten speichern und mitnehmen. So kam es übrigens auch zu der skurrilen Geschichte eines jungen Mannes, der eine Festplatte, auf der Hunderte Bitcoins gespeichert waren, aus Versehen auf den Müll geworfen hatte. Um seine Bitcoins wiederzubekommen, wollte er sogar die ansässige Mülldeponie nach der Festplatte durchwühlen – ohne Erfolg. »Bitcoins aus Versehen wegzuwerfen ist definitiv noch ärgerlicher, als 2011 erst gar keine gekauft zu haben!«, tröste ich mich und meine Freunde mit dieser Geschichte immer wieder.

Doch anders, als man jetzt vielleicht denken könnte, ist das Digitale nicht das wirklich Revolutionäre und Neue an Kryptowährungen – schließlich verwandeln Online-Banking und Dienste wie PayPal unser klassisches Geldsystem auch mehr und mehr in digitale Währungen. Der größte Unterschied von Kryptowährungen zu klassischem Geld (ob analog oder digital) ist, dass Kryptowährungen nicht von Staaten, Zentralbanken und Banken kontrolliert werden. Es braucht keine dritte, unabhängige Institution mehr, die sich um das Geld kümmert, stattdessen sind es die Nutzer selbst, die in einer Netzwerkstruktur ihre Kryptowährung managen. Krypto-Unterstützer argumentieren, dass allein schon diese Struktur viele Probleme des klassischen Geldsystems lösen würde. Ihr Argument: Kryptowährungen verwandeln das bisher zentralisierte Geldsystem in ein *dezentralisiertes* System und entmachten somit Institutionen wie Zentralbanken. Klassisches digitales Geld scheint von seinen Funktionen her zwar ähnlich zu sein wie Kryptowährungen, der entscheidende Unterschied ist aber, dass klassisches digitales Geld weiterhin zentral kontrolliert wird, während Kryptowährungen durch bestimmte kryptografische Verfahren dezentral organisiert sind.

Moment mal, hatte ich am Anfang des Buches nicht Verständlichkeit versprochen? Das klingt jetzt zunächst alles wahrscheinlich sehr abstrakt und technisch. Ich möchte es deshalb ein bisschen praktischer und greifbarer erklären. Wie gerade eben beschrieben, haben im klassischen Geldsystem Banken riesige Server, auf denen gespeichert wird, wer wie viel Geld besitzt. Wie in einer Art Bestandsbuch steht dort geschrieben, welche Person über wie viel Guthaben verfügt. Tätigt man eine Überweisung, geht diese bei der Bank ein und wird von ihr abgearbeitet. Banken halten lückenlos sämtliche Bewegungen des klassischen Geldes fest. Wenn Person A an Person B 100 Euro überweist, geht dieser Auftrag von Person A an die Bank. Auf dem Server der Bank wird nun das Bestandsbuch geändert. Bei Person A werden 100 Euro abgezogen, bei Person B werden 100 Euro hinzugefügt. Anschließend bekommt Person B eine Benachrichtigung. Im klassischen Geldsystem laufen Zahlungen also immer über Banken als zentrale Verwaltungsstelle des Geldes.

Bei Kryptowährungen gibt es keine Banken mehr – wer kümmert sich aber dann um das Bestandsbuch, um festzuhalten, wer über wie viel Guthaben verfügt und wer was an wen überwiesen hat? Die erstaunliche Antwort lautet: die Nutzer selbst!

Jeder, der Teil des Kryptowährungsnetzwerks ist, hilft mit seinem Computer, mit seiner Rechenleistung ganz automatisch dabei, das Bestandsbuch zu aktualisieren. Wenn Person A 100 Bitcoins an Person B überweist, dann geht diese Überweisung nach dem Peer-to-Peer-Prinzip direkt von Person A an Person B. Sie durchläuft dabei einzig und allein das Bitcoin-Netzwerk, das vollautomatisch überprüft, ob diese Transaktion legitim und korrekt ist. Wenn das der Fall ist, wird der überwiesene Betrag, in unserem Beispiel 100 Bitcoins, automatisch bei Person A abgezogen und bei Person B hinzugefügt. Das Netzwerk, also die Nutzer selbst, pflegen bei Kryptowährungen das Bestandsbuch – dezentral über alle beteiligten Rechner! Bei Kryptowährungen gibt es also niemanden mehr, der zentral das Bestandsbuch verwaltet und über den deshalb alle Zahlungen laufen müssen. Stattdessen wird das Bestandsbuch vom Netzwerk aller Nutzer durch einen (zugegebenermaßen ziemlich komplizierten, aber dadurch auch sicheren) Algorithmus vollautomatisch aktualisiert.

Diese Technologie der dezentralen Buchführung, bei der dennoch jederzeit Einigkeit über die Richtigkeit der Buchführung herrscht, nennt man *Blockchain*-Technologie – sie ist das wirklich Innovative an Kryptowährungen! Es ist eine Technologie, von der viele Experten meinen, dass sie die bedeutendste technische Revolution des Jahrzehnts sein könnte. Bevor jetzt zu viele Fragezeichen über Ihrem Kopf auftauchen: Im nächsten Kapitel werde ich noch genauer erklären, wie die Blockchain funktioniert. An dieser Stelle ist erst einmal nur wichtig zu verstehen, dass bei Kryptowährungen die Aufgabe, das Bestandsbuch zu pflegen, vom Netzwerk der Nutzer dezentral übernommen wird – und eben nicht wie beim klassischen Geldsystem von zentralisierten Institutionen wie Banken.

Ein weiterer Unterschied: Heutzutage gibt es auf der Welt vor allem an Länder gebundene, also nationale Währungen: Dollar in den USA, Rubel in Russland, Renminbi in China und so weiter. Das liegt daran, dass das Geld von Staaten und deren Zentralbanken ausgegeben wird. Dadurch, dass Kryptowährungen nicht von Staaten und Zentralbanken kontrolliert werden, sind die meisten von ihnen über Ländergrenzen hinweg global funktionsfähig. Kryptowährungen sind normalerweise nicht auf bestimmte Länder, Regionen oder Kontinente beschränkt. Es gibt zwar ein paar exotische Kryptocoins, die auf Länder oder sogar Städte begrenzt sind, aber die wollen wir an dieser Stelle einmal ausblenden. Jeder Mensch auf der ganzen Welt, der einen Computer oder ein Smartphone besitzt und Zugang zum Internet hat, kann sich ein *Wallet*, also ein digitales Portemonnaie, erstellen, mit dem er seine Kryptocoins verwalten und an jeden anderen Menschen mit einem eigenen Wallet schicken kann. (Wie das funktioniert und welche unterschiedlichen Wallets es gibt, sehen wir uns im Kapitel »Wie zahlt man mit Kryptowährungen?« noch an.)

Dass Kryptowährungen nicht von Staaten ausgegeben werden, führt auch dazu, dass ständig neue Kryptowährungen entstehen. Im Grunde genommen könnte jeder seine eigene programmieren – wenn sie sich verbreitet, weil sie beispielsweise ein neues Feature hat, das anderen Kryptowährungen noch fehlt, hat sie eine Chance, sich durchzusetzen. All die Kryptowährungen, die aktuell existieren, unterscheiden sich in ihren Details und Funktionen. Viele dieser Kryptowährungen sind dem großen Vorbild Bitcoin sehr ähnlich und basieren auf einem weitestgehend identischen Code. Es gibt mittlerweile aber auch immer mehr neue Kryptowährungen, die echte Innovationen zu bieten haben – später in diesem Buch werde ich darüber noch ausführlicher schreiben. Dass es permanent neue und theoretisch unendlich viele verschiedene Kryptowährungen geben kann, führt dazu, dass es anders als bei klassischem Geld eine echte Konkurrenz zwischen den unterschiedlichen Währungen gibt. Die Nutzer können sich die Währung aussuchen, die ihre Bedürfnisse am besten erfüllt, und das kann zur Folge haben, dass weniger beliebte Währungen auch wieder verschwinden. Sie werden mangels Nachfrage quasi aus dem Markt gedrängt. Das geht bei klassischem Geld nicht – oder haben Sie mal probiert, in Deutschland eine andere Währung als den Euro zu benutzen?

Die momentan zweifelsohne berühmteste und verbreitetste Kryptowährung ist Bitcoin. Allerdings holen nach einer langen Zeit der absoluten Dominanz mittlerweile auch andere Kryptowährungen immer weiter auf. Da wären zum Beispiel die bereits erwähnten Ethereum und Litecoin oder auch IOTA, das keine Blockchain, sondern eine andere Technologie verwendet. Was es mit diesen

Kryptowährungen auf sich hat und wie sie sich unterscheiden, werde ich im Kapitel »Welche anderen Kryptowährungen gibt es?« noch genauer zeigen.

Eine dezentral organisierte Währung, um deren Infrastruktur sich die Nutzer selbst kümmern, das klingt beim ersten Hören ziemlich verrückt und wirft ein paar Fragen auf. Zum Beispiel: Wenn die Nutzer bei Kryptowährungen selbst das Bestandsbuch pflegen, bedeutet das, dass jeder Nutzer sehen könnte, wer an welche Person wie viel Geld überwiesen hat und wer wie viel Geld besitzt? Wäre das so, könnten Sie (und jeder andere Nutzer) nachvollziehen, wie viel Geld Ihr Vorgesetzter so auf der hohen Kante liegen hat, und Sie könnten die Gehälter Ihrer Kollegen nachschauen (und die Kollegen dann natürlich auch Ihres). Das würde wohl kaum jemand wirklich wollen. Deshalb stehen im Bestandsbuch der Kryptowährung keine Klarnamen, sondern nur verschlüsselte Buchstaben- und Zahlenkombinationen, die die Adressen der Nutzer sind. Nur wenn Sie aus irgendeinem Grund wissen sollten, zu welcher realen Person eine dieser Adressen gehört, könnten Sie Transaktionen an diese Person zurückverfolgen. Deshalb heißen Kryptowährungen ja auch Kryptowährungen – sie benutzen kryptografische, sprich: Verschlüsselungstechniken, damit zwar theoretisch jeder die Buchführung und sämtliche Transaktionen einsehen kann – praktisch eine Zuordnung zu realen Personen aber nicht so einfach möglich ist. Wichtig ist es allerdings, an dieser Stelle zu betonen, dass sich Kryptowährungen hinsichtlich der Stärke der Verschlüsselung stark unterscheiden! Unterschiedliche Kryptowährungen sind auch unterschiedlich anonym. Während es bei Bitcoin heutzutage nahezu unmöglich ist, als Laie eine wirklich sichere, anonyme Transaktion durchzuführen, wird dieses Feature bei anderen Kryptowährungen wie beispielsweise Monero, die mehr Wert auf Anonymität und Privatsphäre legen, standardmäßig angeboten.

Noch eine Frage drängt sich auf: Wenn es niemanden gibt, der sich zentral um Kryptowährungen kümmert, wer trifft dann Entscheidungen? Wer sorgt für die Weiterentwicklung der Kryptowährung? Die Antwort lautet auch hier wieder: die Nutzer selbst! Die Verantwortung wird bei Kryptowährungen auf die Gemeinschaft übertragen. Das Netzwerk der Nutzer einer Kryptowährung kann Vorschläge zu Weiterentwicklungen machen und darüber abstimmen. Wie genau das funktioniert, ist von Kryptowährung zu Kryptowährung unterschiedlich, generell gibt es aber bei allen Kryptowährungen demokratische Entscheidungsstrukturen.

Dezentralität, Anonymität, Demokratie – das sind wichtige Eigenschaften von Kryptowährungen. Die Idee dahinter ist eine Welt, in der die Menschen jederzeit und überall Coins direkt miteinander austauschen können, ohne dabei auf die Leistungen von Banken zurückgreifen zu müssen, die Transaktionsgebühren verlangen und womöglich das System für ihre Zwecke ausnutzen. Genau wie klassische Währungen beruhen auch Kryptowährungen auf dem Prinzip des Vertrauens. Der entscheidende Unterschied ist aber, dass die Menschen bei Kryptowährungen nicht einer Zentralbank oder einer anderen zentralen Institution vertrauen müssen, sondern der Kryptowährung als solcher, das heißt dem Netzwerk der Nutzer, das dahinter steht. Dezentralität statt Zentralität.

Natürlich gibt es an Kryptowährungen auch viel Kritik. Dadurch, dass es keine zentrale Institution gibt, zweifeln viele an den neuen Systemen. Kann man wirklich einem Netzwerk vertrauen? Braucht es nicht doch jemanden, der für die Funktionalität des Systems verantwortlich ist und im Zweifel auch juristisch belangt werden kann?

Denn die Anonymität des neuen Geldes hat auch einen Haken: Kryptowährungen sind ein Paradies für Kriminelle, Steuerhinterzieher und andere Gestalten, die zwielichtige Geschäfte machen wollen, ohne dabei erwischt zu werden. Die wichtigsten Kritikpunkte an Kryptowährungen werden wir im Laufe des Buches Stück für Stück abarbeiten. Als Nächstes wenden wir uns aber der technologischen Seite des Themas zu, und da steht bei vielen Kryptowährungen eines im Mittelpunkt: die Blockchain.

WAS IST DIE BLOCKCHAIN?

Wir wissen jetzt also, dass viele Kryptowährungen Banken durch eine dezentrale Buchführung ersetzen, die auf der sogenannten Blockchain-Technologie basiert. Aber wie funktioniert die? Wie entstehen überhaupt Coins, und wer genau kümmert sich darum, dass Vermögen richtig gespeichert, Transaktionen korrekt durchgeführt und Updates entwickelt werden? Bringen wir etwas Licht ins Dunkel.

Das Geheimnis von Blockchains technisch bis ins kleinste Detail zu erklären ist im Rahmen dieses Buches nicht möglich. Das würde den Umfang komplett sprengen und teilweise auch meinen Wissensschatz überfordern, vor allem aber wären Einzelheiten schnell überholt, denn die Entwicklung der faszinierenden, aber eben auch hochkomplexen Blockchain-Technologie läuft ständig weiter. Doch sie beruht auf Prinzipien der Informatik, der Kryptografie und der Ökonomie, die man auch ohne Programmierkenntnisse grundsätzlich verstehen kann (und sollte, um mitreden zu können). Keine Angst, es ist wahrlich kein Hexenwerk.

Stellen Sie sich einmal vor, Sie würden mit einer Gruppe von Leuten an einem Tisch sitzen und hätten sich die neue Währung »Taler« ausgedacht. Jeder von Ihnen hat einen Zettel und einen Stift vor sich liegen. Nun beginnen Sie, untereinander irgendwelche Waren und Dienstleistungen zu handeln und als Zahlungsmittel dafür die nur fiktiv existierenden Taler auszutauschen. Physische Taler gibt es nicht. Möchte Christian Jennifer drei Taler geben, ruft er einfach quer durch den Raum: »Ich zahle drei Taler an Jennifer!« Jennifer weiß nun direkt Bescheid, dass sie drei neue Taler hat. Gleichzeitig schreiben alle, die am Tisch sitzen und von der Transaktion gehört haben, die Transaktion auf ihren Zettel. Die fleißigen Buchschreiber notieren in dieser Art alle Transaktionen, die im Raum passieren.

Da steht dann untereinander zum Beispiel: Christian gibt drei Taler an Jennifer, Jule gibt zehn Taler an Tanja, Manfred gibt fünf Taler an Beatrix, Timo gibt acht Taler an Tobi und so weiter. Zwischendurch schauen sie immer mal bei ihrem Nachbarn über die Schulter und überprüfen, ob dessen Eintragungen korrekt sind. Alle zehn Minuten müssen die Zettelschreiber ihre Notizen abgeben. Diejenige Person, die als Erstes meint, alle Transaktionen korrekt auf ihren Zettel geschrieben zu haben, steht auf und schreit quer durch den Raum: »Ich bin fertig!« Nun überprüfen alle anderen Personen am Tisch, ob der Zettel tatsächlich alle Transaktionen korrekt protokolliert. Wenn das der Fall ist, bestätigen alle diesen Zettel als korrekt, und er wird in der Mitte des Tisches als erste Seite in ein Buch geheftet. Dann geht das ganze Spiel wieder von vorne los.

Durch dieses System ist sichergestellt, dass in der Mitte des Tisches jederzeit ein Buch liegt, in dem alle getätigten Transaktionen, die jemals am Tisch stattgefunden haben, vollständig, korrekt und von allen Teilnehmern bestätigt notiert sind. Es herrscht unter allen Teilnehmern jederzeit Einigkeit darüber, dass das Buch korrekt ist, und dank dieser Transparenz haben alle Teilnehmer

Vertrauen in eine korrekte Buchführung und in das gemeinsame Währungssystem. Und das ganz ohne zentrale Institution!

Nach jeder zehnminütigen Runde macht sich jeder Teilnehmer schnell noch eine Kopie des Buches und legt diese auf seinen Schoß. Selbst wenn jetzt das Buch in der Mitte wegkommen oder kaputtgehen würde, gäbe es somit noch genügend intakte Kopien des Buches, um das System fortzuführen. So läuft das System nun immer und immer weiter. Das ist im Grunde schon alles, nun haben Sie die Grundlagen der Blockchain verstanden!

Mit der Zeit kommen immer mehr Leute zu Ihnen in den Raum, die auch mit Talern bezahlen wollen. Sie nehmen auch die Neuankömmlinge in Ihr Taler-Netzwerk auf, allerdings hat nicht jeder von denen Lust, auch Buch zu führen. Wir nennen diese Leute deshalb »passive« Nutzer. Die passiven Nutzer führen also kein Buch, handeln aber trotzdem mit Talern. Wenn der passive Nutzer Jan nun drei Taler an den passiven Nutzer Robert bezahlen möchte, dann ruft er quer durch den Raum: »Jan gibt drei Taler an Robert!« Die fleißigen Zettelschreiber am Tisch bekommen das natürlich mit und notieren diese Transaktion. Irgendwann gibt es in ihrem Taler-Raum aber Streit! Die Zettelschreiber haben keine Lust mehr, ständig Zettel zu schreiben, das kostet sie schließlich Zeit und Arbeit und sie könnten das Taler-Netzwerk ja genauso gut nutzen, wenn sie einfach ein passiver Nutzer wie Jan und Robert wären. Dagegen ist schwer etwas einzuwenden, aber ohne korrekte Buchführung kein Vertrauen und ohne Vertrauen keine stabile Währung. Die Lösung: Sie führen eine Belohnung ein! Derjenige Zettelschreiber, der als Erstes den korrekten neuen Zettel fertig hat, bekommt zur Belohnung einen neuen Taler geschenkt. Dadurch haben Sie auch gleichzeitig gesichert, dass es in Ihrem Netzwerk ein gleichmäßiges Taler-Wachstum gibt und selbst bei wachsender Teilnehmerzahl nie das Geld ausgeht.

Nun gibt es nach kurzer Zeit aber das nächste Problem. Die Zettelschreiber sind jetzt alle gleichzeitig mit dem neuen Zettel fertig und schreien »fertig!« durch den Raum – wer bekommt nun die Belohnung? So funktioniert das irgendwie nicht. Deshalb führen Sie zusätzlich zum Aufschreiben aller getätigten Transaktionen noch eine weitere Aufgabe für die Zettelschreiber ein. Sie müssen nicht nur alle Transaktionen richtig aufschreiben, sondern diese auch noch auf eine ganz bestimmte Art und Weise »verschlüsseln« – nach einem kryptografischen Prinzip also in eine bestimmte Form bringen. Diese Aufgabe lässt sich nur durch das Ausprobieren vieler verschiedener Möglichkeiten lösen. Das können Sie sich wie ein Zahlenschloss mit vier Ziffern vorstellen, dessen Code Sie vergessen haben. Die einzige Möglichkeit, dieses Schloss wieder zu öffnen, ist, sämtliche Kombinationen auszuprobieren. Irgendwann haben Sie die richtige Lösung gefunden, und das Schloss springt auf! So ist das auch bei unseren Zettelschreibern. Irgendwann findet einer zufällig die richtige Verschlüsselung, und der Zettel hat die gewünschte kryptografische Form. Jetzt schreit er »fertig!« durch den Raum!

Das Tolle an diesem kryptografischen Prinzip ist, dass alle anderen nun blitzschnell ausprobieren können, ob das Ergebnis stimmt. Auch hier hilft wieder der Vergleich mit dem Zahlenschloss. Wenn Sie quer durch den Raum rufen: »4213 ist die richtige Lösung!«, dann können alle anderen diese Ziffern einfach blitzschnell eingeben und probieren, ob das Schloss aufspringt. Innerhalb von Sekunden ist klar, ob der rufende Zettelschreiber wirklich die richtige Lösung gefunden hat. Hat er das, bekommt er seinen neuen Taler als Belohnung, und das Spiel geht wieder von vorne los.

Dieses Prinzip, das auf Ausprobieren basiert, stellt ganz nebenher sicher, dass nicht immer der Schlaueste oder die Schnellste gewinnt – es kann auch mal die Mathe-Null durch Glück am schnellsten die richtige Lösung finden. Die besten Chancen, die richtige Lösung zu finden, hat schlicht und ergreifend derjenige, der am meisten Möglichkeiten pro Sekunde ausprobieren kann.

Analog zu dem Beispiel mit dem vierstelligen Zahlenschloss funktioniert die klassische Blockchain-Technologie bei Kryptowährungen wie Bitcoin. Nur in sehr hoher Geschwindigkeit, mit Computern statt Menschen und durch einen automatischen Prozess im Hintergrund anstatt durch aktives Aufschreiben. Jeder Mensch mit Internetzugang kann ein einfaches Programm auf seinem Computer installieren. Damit ist er dann Teil des Kryptonetzwerks. Jeder Teilnehmer kann entweder »aktiver« oder »passiver« Nutzer sein, er kann sich also entscheiden, ob er nur Nutzer des Netzwerks oder auch Buchprüfer sein möchte. Passive Nutzer können die Kryptowährung umsonst nutzen, bekommen aber keine Belohnung. Aktive Nutzer, also Nutzer und Buchprüfer, helfen mit der Rechenleistung ihrer Computer dabei, das Bestandsbuch zu pflegen, und werden dafür mit neuen Coins belohnt. Spielen wir es einfach noch einmal durch: Weist Nutzer A eine Transaktion an Person B an, läuft diese Transaktion durch das Kryptonetzwerk direkt von Person A zu Person B und wird von vielen weiteren Computern, die im Netzwerk verbunden sind, überprüft. Ist die Transaktion korrekt? Ist das der Fall, bestätigen die Computer im Netzwerk die Transaktion und die Buchprüfer schreiben sie in einen sogenannten *Block*. Das ist eine Art Datei, Sie können ihn sich vereinfacht als eine digitale Liste vorstellen, in der alle getätigten Transaktionen untereinanderstehen. Außerdem ist in dem Block notiert, zu welcher Zeit er erstellt wurde und welcher der letzte Block davor war. Der Block ist das digitale Pendant zum Zettel aus unserem Taler-Beispiel.

Alle paar Minuten, bei Bitcoin sind es zum Beispiel immer zehn Minuten, müssen die Computer im Netzwerk einen neuen korrekten Block abspeichern. Damit nicht alle Computer gleichzeitig fertig werden, muss dieser neue Block in eine ganz bestimmte verschlüsselte Form umgeschrieben werden, die die Computer nur durch Ausprobieren finden können. In der Praxis heißt das: Die Computer müssen ihre Rechenleistung nutzen! Über je mehr Rechenleistung ein Computer verfügt, desto mehr Varianten kann er pro Sekunde ausprobieren, und desto höher ist folglich auch seine Chance, dass er als Erster den neuen Block findet. Theoretisch kann mit ganz viel Glück aber auch mal ein »Krücken-Rechner« als Erster die richtige Lösung finden, aber die Wahrscheinlichkeit ist sehr gering.

Hat der Computer einen neuen, korrekten und vollständigen Block errechnet, meldet er an den Rest des Netzwerks. Blitzschnell prüfen nun die anderen Computer durch Zurückrechnen, ob der Block auch wirklich korrekt ist. Ist das der Fall, wird der Block abgespeichert, und der glückliche Blockfinder bekommt neue Coins als Belohnung. Der neue Block wird an den zuletzt davor erstellten Block »drangehängt«. So entsteht mit der Zeit eine Kette von Blöcken, die lückenlos alle getätigten Transaktionen aufzeichnet. Dieser Verkettung von errechneten und überprüften Transaktionsblöcken hat die Technologie ihren Namen zu verdanken: Blockchain. Ist der neue Block gefunden und bestätigt, beginnen alle Computer sofort mit der Erstellung des nächsten Blocks.

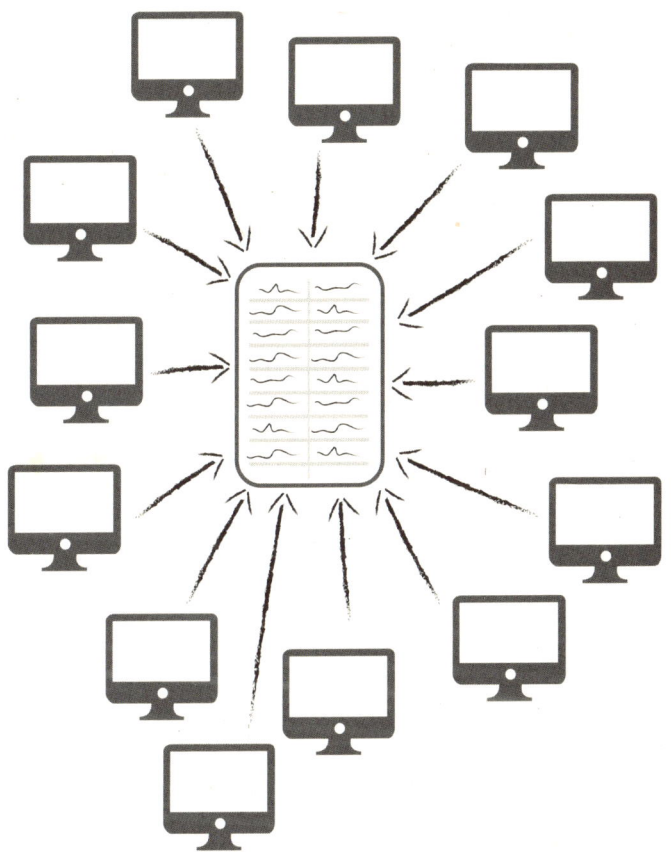

Ganz nebenher und automatisch laden alle Computer des
Kryptonetzwerks regelmäßig die aktuellste Version der
Blockchain herunter, was dazu führt, dass die aktuellste
Version der Blockchain jederzeit auf Abertausenden
Computern auf der ganzen Welt gleichzeitig gespeichert
ist, natürlich je nachdem, wie groß das Netzwerk ist. So
wird sichergestellt, dass kein Hacker die Blockchain lö-
schen oder mit gefälschten Daten ersetzen kann. Denn

selbst wenn es ihm gelingen würde, einige der Computer im Netzwerk anzugreifen, gäbe es noch immer genügend intakte Kopien der Blockchain auf anderen Computern, die sich innerhalb kürzester Zeit wieder verbreiten würden. Dadurch ist das Hacken, Löschen oder Manipulieren der Blockchain praktisch unmöglich. Computer, die sich an der Pflege der Blockchain beteiligen, werden übrigens *Nodes* genannt, also Knotenpunkte. Sie sind die Stellen, die das Netzwerk überhaupt erst zu einem funktionierenden Netzwerk machen.

Weil die aufwendige Rechenarbeit, die Computer leisten müssen, um neue Coins zu erzeugen, an die harte Arbeit erinnert, die erforderlich ist, um Edelmetalle aus der Erde zu holen, nennt man diesen Vorgang *Mining*. Die Leute, die ihren Computer zum Berechnen und Aufrechterhalten der Blockchain zur Verfügung stellen, werden Miner genannt, weil sie eben nicht nur aus Nettigkeit die Blockchain pflegen, sondern gleichzeitig mit ihrer Arbeit neue Coins »schürfen«. Miner sind also diejenigen, die sich im Netzwerk einer Kryptowährung aktiv um die Pflege der Blockchain kümmern – wie die Zettelschreiber in unserem fiktiven Taler-Beispiel. Für ihre Arbeit werden sie mit neuen Coins belohnt, sie lassen den Umfang der Währung regelmäßig wachsen, eine andere Quelle für neue Coins gibt es nicht. Und alle übrigen Menschen, die das Netzwerk der Kryptowährung einfach nur benutzen, bleiben lediglich passive Nutzer des Netzwerks, die nicht mehr machen, als Transaktionen anzunehmen oder in Auftrag zu geben.

Wie beschrieben, wird durch das Mining-System noch eine andere Frage beantwortet. Nämlich wie neue Kryptocoins eigentlich entstehen, wie ihre Anzahl begrenzt wird und wie sie einen Gegenwert erhalten. Denn anders als im klassischen Geldsystem, wo Zentralbanken und Staaten einfach über die Geldmenge entscheiden können, gibt es bei Kryptowährungen niemanden, der diese Entscheidung treffen könnte. Das ist ja gerade die Idee bei Kryptowährungen, dass niemand sie beeinflussen kann. Wir erinnern uns: Dezentralisierung statt Zentralisierung. Neue Coins werden deshalb automatisch mit jedem neu erzeugten Block generiert, und ihr Gegenwert ist die dafür erbrachte Arbeit, also Rechenleistung. Nur wenn ein Miner schnell und richtig einen neuen Block erzeugt hat, hat er die Chance, mit neuen Coins belohnt zu werden.

Damit es nicht irgendwann zu viele Coins und dadurch eine Art Hyperinflation gibt, ist der Algorithmus der Kryptowährungen so programmiert, dass die Rechenaufgaben, die die Computer lösen müssen, immer schwieriger werden. Die Rechenleistung zum Schürfen neuer Coins wird also mit der Zeit immer größer. Der Fachbegriff hierfür ist die sogenannte *Difficulty,* also die Schwierigkeit oder der Schwierigkeitsgrad. Mit der Zeit werden somit immer weniger neue Coins generiert. Vor ein paar Jahren hätten Sie zum Beispiel noch mit einem guten Gaming-PC lukrativ Bitcoins minen und sich so etwas dazuverdienen können. Heute lohnt sich das nicht mehr. Die Stromkosten wären vermutlich höher als der Ertrag. Nur noch mit sehr schnellen Hochleistungscomputern und speziellen Servern in Ländern, in denen Strom besonders günstig ist, funktioniert das Geschäft mit dem Bitcoin-Schürfen noch.

Bei vielen Kryptocoins ist in der Blockchain sogar festgelegt, dass irgendwann ganz Schluss ist mit neuen Coins. Bei Bitcoins ist die maximale Menge beispielsweise auf 21 Millionen begrenzt, das bedeutet: Ungefähr im Jahr 2140 wird der letzte Bitcoin geschürft sein. Es gibt Experten, die der Meinung sind, dass Kryptowährungen wie der Bitcoin wegen ihrer absoluten Begrenztheit irgendwann wertstabiler sein könnten als klassisches Geld, weil ihre Anzahl, anders als beispielsweise die von Euros, absolut begrenzt ist. Euros und Dollar können von Zentralbanken theoretisch unbegrenzt nachgedruckt werden, Bitcoins gleichen eher Edelmetallen wie Gold, sie sind definitiv endlich, und irgendwann sind alle geschürft. Daher stammt übrigens auch der Spitzname »digitales Gold« für Bitcoin.

Aber was passiert, wenn der letzte Bitcoin erzeugt wurde? Bricht das Netzwerk dann zusammen, wenn alle Miner ihren Computer abschalten, weil sie nichts mehr davon haben? Nein, so wird es nicht kommen! Abgesehen von der Entlohnung in Form von neuen Coins können die Miner auch Geld mit Transaktionsgebühren verdienen. Wer Kryptocoins überweisen möchte, kann den Minern freiwillig eine kleine Gebühr bezahlen, damit seine Transaktion schneller als andere Transaktionen in einen neuen Block geschrieben und damit bestätigt wird. Gibt es in kurzer Zeit sehr viele Transaktionen, kann es nämlich ein wenig dauern, bis Transaktionen vom Netzwerk geprüft, in einen neuen Block geschrieben und damit endgültig durchgeführt sind. Heute schon ist es bei Bitcoins beispielsweise so, dass man einen kleinen Geldbetrag bezahlen sollte, wenn man möchte, dass die Überweisung innerhalb von wenigen Stunden durchgeführt wird. Zahlt man den Minern dagegen nichts, lassen sie die Überweisung erst einmal ein paar Tage liegen und kümmern sich um besser bezahlte Transaktionen. Eine Transaktion ohne Gebühr kann im Bitcoin-Netzwerk mehrere Tage dauern, Miner sind also auch nur Menschen. Und spätestens dann, wenn es keine neuen Bitcoins mehr als Belohnung für das Minen gibt, werden Transaktionsgebühren quasi verpflichtend sein, um das Fortbestehen des Blockchain-Netzwerks zu sichern.

Wie ich eben schon kurz angerissen habe, hat sich das Bild des Miners in den vergangenen Jahren drastisch verändert. Vor ein paar Jahren gab es noch Studenten, die in ihren WGs mit Gaming-PCs Bitcoins geschürft und sich damit etwas dazuverdient haben. Einige von ihnen sind damit sogar Multimillionäre geworden. Heute ist das zumindest bei Bitcoin und den anderen »großen« Coins anders. Bitcoins werden heute von großen professionellen Minern geschürft, die riesige Rechenzentren betreiben. Als Privatperson hat man alleine keine Chance mehr. Die großen Server haben eine derart hohe *Hashrate* (so wird die Anzahl der Versuche bezeichnet, die ein Rechner pro Zeiteinheit zum Lösen der kryptografischen Aufgabe probieren kann), dass ein handelsüblicher Computer nicht mehr mithalten kann. Damit würden Sie vermutlich nur alle paar Jahrzehnte mal durch reinen Zufall als Erster die richtige Lösung finden und eine Belohnung bekommen.

Die einzige Chance, als Privatperson noch Bitcoins zu schürfen, besteht darin, sich in sogenannten Mining Pools mit anderen zusammenzutun. In solchen Pools wird Rechenleistung gebündelt, dadurch die Hashrate erhöht und der geschürfte Profit geteilt. Bei unbekannteren, neueren und kleineren Kryptowährungen sieht das noch etwas anders aus. Dort hat man als Privatperson durchaus noch eine gute Chance, mit einem speziellen Computer Coins zu schürfen. Und wenn man Glück hat und einen Coin erwischt, der im Kurs noch weiter steigt, kann man auf diese Art und Weise auch heute noch Geld verdienen.

Damit sind fast alle Fragen zur Blockchain geklärt. Außer eine: Wer bestimmt eigentlich, wie eine Kryptowährung funktioniert?

Und was ganz eng damit verknüpft ist: Wer kümmert sich um notwendige Weiterentwicklungen?

Eine Kryptowährung wird meist von einem kleinen Entwicklerteam erdacht und programmiert. Das kann man sich wie ein kleines Start-up vorstellen. Sobald die Software steht, startet die Kryptowährung, wird also anderen Nutzern über das Internet zugänglich gemacht. Gleichzeitig wird der Code, also der Bauplan der Kryptowährung, zur *Open Source*, das heißt, dass auch er öffentlich zugänglich gemacht wird und sich jeder, der möchte, den Code online ansehen kann. Von nun an liegt es nicht mehr nur am Entwicklerteam, sondern an der gesamten Gemeinschaft einer Kryptowährung, diese weiterzuentwickeln. Spätestens ab hier unterscheidet sich der ganze Prozess von einem klassischen Start-up.

Wenn jemand einen Vorschlag hat, was am Code einer Kryptowährung verbessert werden könnte, kann er diese Neuerung online in einem Forum zur Diskussion stellen. Miner und passive Nutzer können im Forum dann öffentlich über die mögliche Neuerung diskutieren, gemeinsam weitere Code-Vorschläge machen, konkretisieren oder verfeinern und sich darüber austauschen. Eines dieser Foren ist beispielsweise GitHub (online unter: github. com). Irgendwann können die Entwickler dann eine Abstimmung über das vorgeschlagene Update starten. In einem demokratischen Prozess, der sich von Kryptowährung zu Kryptowährung unterscheidet, entscheidet die Gemeinschaft der Kryptowährung dann darüber, ob die Neuerung durchgesetzt werden soll oder nicht. Auch am Entstehungs- und Weiterentwicklungsprozess wird also deutlich, dass Kryptowährungen im Grunde sehr basisdemokratisch organisiert sind. Sowohl Vorschläge als auch Entscheidungen über mögliche Veränderungen kommen aus der Gemeinschaft. Es gibt allerdings einen großen Haken an der Sache: Dadurch, dass alles anonym ist, weiß niemand, ob nicht vielleicht ein und dieselbe

Person mehrere Nodes, also Computer im Netzwerk, betreibt und dadurch mehrere Stimmen hat. Wie soll man also nun gerecht die Stimmrechte verteilen? Je mehr Coins man besitzt, desto mehr Stimmrecht? Je mehr Rechenleistung man zum Mining zur Verfügung stellt, desto mehr Stimmrecht? Bisher hat noch keine Kryptowährung eine echte Lösung für dieses Problem gefunden, die demokratische Idee ist in der Praxis wohl nicht hundertprozentig umsetzbar, ohne die Anonymität im Netz zu beschneiden.

Wichtig ist an dieser Stelle noch festzuhalten, dass die beschriebene Blockchain-Technologie die klassische Blockchain-Technologie ist. Mittlerweile gibt es mehrere Kryptowährungen, die versuchen, diese Funktionsweisen abzuwandeln und neuere Lösungen zu finden. Vor allem das Prinzip des Ausprobierens wird immer wieder kritisiert, weil es eine große Verschwendung von Rechenleistung ist. Auf dieses Problem und seine möglichen Lösungen werde ich später noch genauer eingehen.

WIE ZAHLT MAN MIT KRYPTOWÄHRUNGEN?

Sie haben nun also eine erste Vorstellung davon, wie Kryptowährungen funktionieren und was sie im Kern von klassischen Währungen unterscheidet. Kommen wir nun zum praktischen Teil und lassen virtuelle Kryptowährungen auf unseren ganz normalen Alltag prallen. Wie können Sie mit Kryptocoins zum Beispiel die nächste Pizza oder den nächsten Online-Einkauf bezahlen?

Völlig egal, um welche Kryptowährung es sich handelt, um mit Kryptowährungen zu bezahlen oder Zahlungen zu erhalten, brauchen Sie als Allererstes ein *Wallet*, also ein digitales Portemonnaie. Dieser Begriff ist ein bisschen unglücklich gewählt, denn anders als Münzen oder Scheine können Sie Kryptocoins keineswegs in Ihren Geldbeutel stecken, weder physisch noch digital. Ein treffenderer Begriff wäre wohl »Schlüsselbund« (oder meinetwegen »Bunch of Keys«) gewesen – Sie werden gleich verstehen, warum.

Wie wir im letzten Kapitel gesehen haben, existieren Kryptocoins nur als virtuelles, abstraktes Konstrukt in der Blockchain. Dort werden sämtliche Transaktionen mit Coins, ganz egal, wer sie mit wem tauscht, lückenlos aufgezeichnet. Kryptocoins sind letztlich also nicht mehr als Registereinträge in der Blockchain. Mithilfe von sogenannten *Keys*, also Schlüsseln, werden sie nun ihren Besitzern zugeordnet. Kryptocoins selbst können Sie nicht herunterladen, abspeichern, als E-Mail-Anhang verschicken oder in Ihr Wallet stecken wie Dollarscheine oder Euromünzen in Ihren Geldbeutel. Das Einzige, was Sie in Ihr Wallet stecken können, sind eben die Keys, die Ihnen die Berechtigung geben, über die entsprechenden Coins zu verfügen. Kurz: Sie können Zugangscodes zum neuen Geld speichern, aber nicht das neue Geld selbst.

Solche Keys sind lange und ziemlich unübersichtlich aneinandergereihte Buchstaben und Zahlen. Das sieht dann zum Beispiel so aus:

**E9873D79C6D87DC0FB6A5778633389F-
4453213303DA61F20BD67FC233AA33262**

Es gibt zwei unterschiedliche Arten von Keys, und zwar *Private* und *Public Keys,* also private und öffentliche Schlüssel. Starten wir mit den Public Keys. Die sind im Grunde genommen so etwas wie Kontonummern. Ein Public Key ist die Adresse Ihres Wallets, die Sie öffentlich machen und an andere Leute schicken, damit sie Ihnen Coins transferieren können. In Ihrem Wallet können Sie beliebig viele solcher Public Keys anlegen und verwalten. Das ist ein entscheidender Unterschied zur klassischen Kontonummer, für die Sie zunächst umständlich ein Konto gegen Vorlage von Ausweisdokumenten eröffnen müssen, für jede Kontonummer extra. Public Keys dagegen können Sie sich beliebig viele ganz einfach mit wenigen Mausklicks in Ihrem Wallet anlegen.

Wenn Ihnen jemand Coins überweisen möchte, schicken Sie ihm einfach einen Ihrer Public Keys. Er startet in seinem Wallet dann eine neue Überweisung und gibt Ihren Public Key als Ziel an. Schon taucht das Geld in Ihrem Wallet auf. Allerdings sind die Coins zunächst einmal nur vorgemerkt! Erst wenn die Transaktion von den Minern in einen neuen Block geschrieben wurde, sind die Coins wirklich und endgültig übertragen. Und erst dann ist das Eigentum der Coins eindeutig an Sie übergegangen und nur noch Sie können über die Coins verfügen.

Sie sehen schon: Public Keys unterscheiden sich in ihrer Funktionalität nicht wesentlich von herkömmlichen Kontonummern, nützlich, notwendig, aber auch ein bisschen langweilig. Haken wir das also ab und machen weiter mit den spannenderen Zugangscodes, den Private Keys! Wie der Name schon sagt, sind diese Schlüssel privat und gehören nur Ihnen. Sie sollten unbedingt vermeiden, dass jemand anderes als Sie selbst diese Schlüssel in die Hände bekommt. Ansonsten sind Ihre Coins nämlich ganz schnell Geschichte.

Ein *Private Key* ist wie eine digitale Unterschrift oder ein Passwort, mit dem Sie sich als rechtmäßiger Besitzer Ihrer Coins ausweisen können. Nur wer den Private Key zu einer bestimmten Menge an Coins besitzt, kann verfügen, dass diese an jemand anderen transferiert werden. Nur wer den Private Key zu Coins besitzt, kann behaupten, deren rechtmäßiger Eigentümer zu sein. Verlieren Sie Ihren Private Key oder klaut ihn eine andere Person, haben Sie ein Problem – beziehungsweise zwei unterschiedliche Probleme mit dem gleichen Ergebnis für Sie.

Verlieren Sie den Private Key, sind die dazugehörigen Coins zwar noch irgendwo in der Blockchain gespeichert, aber Sie können sich nicht mehr als deren rechtmäßiger Besitzer ausweisen. Damit sind die Coins de facto verloren, unerreichbar für alle Ewigkeit in der Blockchain begraben. Sollte eine andere Person einen Ihrer Private Keys in die Hände bekommen, kann sie sich damit problemlos als Eigentümer der Coins ausweisen, diese in ein anderes Wallet transferieren und damit stehlen. Damit sind die Coins auch für immer verloren – aber nur für Sie, nicht für den Dieb!

Ein Private Key ist quasi Zugang zum Online-Banking und TAN in einem. Weil sich der Private Key nach einer Überweisung verändert beziehungsweise nur einmal gültig ist, haben Sie nach einer Transaktion auch keine Chance mehr, sich Ihre Coins zurückzuholen. Ein Private Key ist eine Art »Einmalschlüssel«, mit dem Sie Coins überweisen können, und deshalb werden auch beliebig viele davon generiert, je nach Bedarf eben.

Wie wichtig es ist, auf seinen Private Key aufzupassen, zeigt besonders eindrucksvoll folgende Anekdote: In einem TV-Beitrag hielt ein Mann aus Versehen für den Bruchteil einer Sekunde einen Zettel mit einem seiner Private Keys in die Kamera. Es dauerte nur wenige Minuten und schon hatte jemand diesen Private Key abgeschrieben, am PC eingetippt und benutzt, um die Coins auf sein eigenes Konto zu überweisen. Das kann passieren, wenn man Passwort und TAN in die Kamera hält und einen Private Key quasi zum Public Key macht.

Wenn Sie viele Coins und auch noch unterschiedliche Kryptowährungen besitzen, wird die ganze Geschichte mit Public und Private Keys schnell unübersichtlich. All die verschiedenen Schlüssel in einem Textdokument abzuspeichern oder handschriftlich abzuschreiben wäre ziemlich umständlich und darüber hinaus nicht besonders sicher. Deshalb gibt es Wallets, die die Verwaltung der Keys vollautomatisch für Sie erledigen können. Mit einem Benutzernamen und einem Passwort können Sie sich in so ein Wallet einloggen. Darin werden all Ihre Private Keys gespeichert und verwaltet, sodass Ihnen, wie beim normalen Online-Banking, nur noch ein Gesamtkontostand angezeigt wird. Dieser ergibt sich aus dem Gesamtwert aller im Besitz befindlichen Coins. Das Wallet schaut also, wie viele Coins welcher Währung hinter den jeweiligen Private Keys stecken, und summiert diese. Wenn Ihnen jemand Coins überweist, wird in Ihrem Wallet automatisch ein neuer Private Key generiert und gespeichert, mit dem Sie dann über diese Coins verfügen können. Wenn Sie an eine andere Person Coins überweisen wollen, können Sie in Ihrem Wallet eine neue Überweisung starten. Dort geben Sie dann einfach den Public Key der Person ein, die die Coins bekommen soll. Anschließend nutzt Ihr Wallet automatisch die nötigen Private Keys, um die Transaktion zu autorisieren. Schon ist alles erledigt und Ihr Gesamtkontostand aktualisiert!

Sie können sich das Wallet also am besten als riesigen Schlüsselbund oder eine Art Schlüsselkasten vorstellen, in dem all Ihre Private Keys hängen. Noch mal, um das ganz deutlich zu machen: In Ihrem Wallet sind nicht Ihre Coins, sondern nur die Schlüssel zu diesen gespeichert. Wenn jemand in Ihr Wallet einbricht, kann er dort die Schlüssel klauen und mit diesen dann über die zugehörigen Coins verfügen.

Wallet ist aber nicht gleich Wallet. Es gibt viele unterschiedliche Arten von Wallets. Zunächst einmal gibt es ganz einfache Wallets, die nur eine bestimmte Kryptowährung, zum Beispiel Bitcoin, verwalten können. Es gibt aber auch sogenannte Multicoin-Wallets, die gleichzeitig viele unterschiedliche Kryptowährungen verwalten können, wie oben beschrieben. Single- und Multicoin-Wallets – das ist also die erste Unterscheidung, die man treffen kann. Es gibt aber noch weitere Kriterien beziehungsweise Merkmale von Wallets, die man kennen sollte.

Da wären zum Beispiel die *Software Wallets* zu nennen. Da sind Wallets, die auf Ihrem Computer oder Ihrem Smartphone gespeichert sind. Ein Software Wallet ist meist mit einem Passwort gesichert, das heißt, wenn Sie

das Programm starten, müssen Sie das Passwort eingeben, um das Wallet nutzen zu können. Wie ein ganz nor-
males Programm laufen Software Wallets auf Ihrer lokalen Festplatte. Das Programm speichert also eine Datei,
in der all Ihre Private Keys notiert sind, auf der lokalen
Festplatte Ihres Rechners oder Smartphones ab. Das hat
den Vorteil, dass theoretisch niemand außer Ihnen selbst
auf die Daten und damit auch auf die Private Keys zugreifen kann. Es hat aber auch gleichzeitig den Nachteil, dass
Ihr privater Computer (wie die meisten privat genutzten
Computer auch) vermutlich relativ leicht gehackt werden
kann. Wenn jemand das schafft, könnte er danach auch in
Ihr Software Wallet eindringen und die Private Keys stehlen. Nur wenn Sie sich ausreichend um die Sicherheit
Ihres privaten Computers oder Smartphones kümmern,
sind Software Wallets also sicher.

Die zweite Möglichkeit sind *Online Wallets*. Das sind
Internetseiten, die Sie mit Ihrem Browser öffnen und
nutzen können und im Grunde genommen wie Online-
Banking funktionieren. Sie können sich auf der Seite
dann mit einem Benutzernamen und einem Passwort einloggen und online Ihre Coins verwalten. Mittlerweile
gibt es viele verschiedene solcher Online-Wallet-Anbieter.
Vorteil: Das eigentliche Wallet-Programm läuft nicht auf
Ihrem Computer, sondern auf dem Server des Anbieters.
Weil der sich wahrscheinlich besser um den Hacking-
Schutz kümmert, als Sie das privat können oder wollen,
sind Ihre Private Keys dort womöglich besser aufgeho-
ben. Dieser Vorteil bringt zugleich aber auch einen Nachteil mit sich! Denn bei einem solchen Online Wallet sind
sie vollkommen abhängig vom Anbieter, das heißt, Sie
müssen ihm vertrauen! Dadurch, dass das eigentliche
Wallet-Programm auf dem Server des Anbieters läuft,
liegt die Datei, in der all Ihre Private Keys gespeichert

sind, logischerweise auch dort. Der Zugriff zu Ihrem Kryptovermögen befindet sich also nicht direkt vor Ihrer Nase auf Ihrem PC oder Smartphone, sondern auf irgendeinem Rechner irgendwo auf der Welt. Wenn der Anbieter nun auf dumme Gedanken kommen sollte, könnte er einfach Ihre Private Keys klauen. Genauso sind Ihre Private Keys weg, wenn der Anbieter gehackt wird oder pleite oder aus einem anderen Grund offline geht. Bei Online Wallets sollte man also besonders darauf achten, dass man einen vertrauenswürdigen Anbieter wählt!

Es gibt noch weitere, exotischere Arten von Wallets. Da wäre zum Beispiel das *Paper Wallet*. Das ist im wahrsten Sinne des Wortes aus Papier, denn bei einem Paper Wallet drucken Sie Ihren Public Key sowie Ihre Private Keys einfach auf ein Stück Papier und legen dieses an einen möglichst sicheren Ort. Am besten machen Sie sich ein paar Kopien und verteilen diese gleich an mehreren Orten. Liegt Ihr Paper Wallet nämlich in Ihrer Wohnung und geht die in Flammen auf, lösen sich die Coins mit dem Feuer in Luft auf. Was an Paper Wallets so altmodisch, unpraktisch und unsicher erscheint, hat einen entscheidenden Vorteil: Die Keys werden auf keinen Servern oder Festplatten gespeichert und können deshalb auch von niemandem gehackt werden. Der Nachteil ist: Dadurch, dass sie ausgedruckt auf einem Stück Papier stehen, können sie selbstverständlich einfach physisch gestohlen werden, einem Wasserschaden zum Opfer fallen – oder eben verbrennen.

Paper Wallets wirken im digitalen Zeitalter exotisch, stellen aber nichtsdestotrotz eine Alternative dar. Und so funktioniert das in der Praxis: Wenn Sie auf die Coins in einem Paper Wallet zugreifen wollen, öffnen Sie mit Ihrem Computer ganz einfach ein Software oder Online Wallet und klicken dort auf »Key hinzufügen«. Nun können Sie den Private Key von Ihrem Paper Wallet abtippen, und schon kann Ihr Software oder Online Wallet auf die Coins zugreifen und diese transferieren. Wollen Sie andersherum Coins von einem Online oder Software Wallet in ein Paper Wallet transferieren, drucken Sie zunächst das Paper Wallet mit den Private Keys aus oder schreiben diese einfach ab. Anschließend löschen Sie die Private Keys aus Ihrem Software oder Online Wallet, damit sie nicht mehr lokal oder bei einem Wallet-Anbieter auf irgendeinem Computer in irgendeiner Datei abgespeichert sind.

Und dann wären da noch Wallets, die wie ein USB-Stick aussehen: die sogenannten *Hardware Wallets*. Solch ein Wallet schließen Sie wie einen herkömmlichen USB-Stick an Ihren Computer an, anschließend wird die Datei, in der Ihre Private Keys gespeichert sind, auf das USB-Wallet übertragen und gespeichert und gleichzeitig von Ihrer Festplatte gelöscht. Dann trennen Sie die Verbindung zwischen Computer und USB-Wallet wieder und verwahren dieses an einem sicheren Ort. Die Idee dahinter ist ähnlich wie die beim Paper Wallet: Ohne Verbindung zum Computer und zum Internet ist Ihr Hardware Wallet eine Lösung, die sicher vor Hackern ist. Mit der bekannten Kehrseite, dass sie physisch gestohlen werden oder kaputtgehen kann. Es muss ja nicht gleich jedes Mal Ihre Wohnung brennen.

Was ist nun also die beste Wahl? In der Praxis sieht es so aus, dass die meisten Menschen, die regelmäßig mit Kryptowährungen bezahlen, eine Mischung aus unterschiedlichen Wallets für unterschiedliche Einsatzmöglichkeiten nutzen. Für kleinere und alltägliche Zahlungen benutzen sie Online Wallets oder ein Programm auf ihrem Computer, also Software Wallets. An diese Wallets kommt man schnell, einfach, flexibel und von überall bequem dran, man führt die alltäglichen Zahlungen durch und verwaltet damit geringere Geldbeträge. Werden diese gehackt oder gestohlen, ist das zwar ärgerlich, aber kein Weltuntergang, ein bisschen so, als würde Ihnen jemand das Portemonnaie mit Bargeld stehlen (ohne Personalausweis, Kreditkarte, Krankenkassenkarte und was man sonst noch mit sich trägt).

Größere Ersparnisse und Wertanlagen speichert man eher in Paper oder in Hardware Wallets beziehungsweise in mehreren solcher Wallets gleichzeitig. Da man an eiserne Reserven ja nicht jeden Tag ranmuss, ist es kein Problem, dass diese Wallets etwas umständlicher zu handhaben sind, wenn es darum geht, die Coins zu transferieren. Es überwiegt eindeutig der Vorteil, dass Paper oder Hardware Wallets für Ersparnisse besser geeignet sind, weil sie nicht so einfach gehackt oder gelöscht werden können. Safety first.

Das alles ist zugegebenermaßen nicht ganz unkompliziert. Der entscheidende Unterschied zum klassischen Geld ist eben, dass es niemanden wie eine Bank gibt, der Ihr Geld für Sie verwaltet. Sie ganz alleine sind dafür verantwortlich, sich darüber Gedanken zu machen, wo Sie Ihre Private Keys (und damit Ihr Vermögen) möglichst sicher und gleichzeitig für Ihre Zwecke praktisch speichern. Passiert dabei ein Fehler und Ihr Vermögen ist weg, können Sie dafür niemanden außer sich selbst verantwortlich machen. Andererseits bleiben Sie immer Herr über Ihre Finanzen, denn niemand außer Ihnen selbst kann über Ihr Geld verfügen, niemand kann wissen, wo Sie welche Ersparnisse liegen haben, und niemand kann Ihr Konto sperren, pfänden oder auch nur einsehen. Wissen Sie, was Ihre Hausbank mit Ihrem Geld, das irgendwo dort auf einem Server gespeichert ist, alles treibt, solange Sie es nicht selbst in Anspruch nehmen? Bei Kryptowährungen haben Sie zwar einerseits die volle Verantwortung für Ihr Vermögen – andererseits aber auch die volle Kontrolle und Entscheidungsgewalt darüber!

Stellen wir uns nun vor, Sie hätten sich für ein Wallet oder eine Kombination mehrerer Wallets entschieden und diese entsprechend eingerichtet. Und nun? Was können Sie sich von den Coins darin im Alltag kaufen? Mittlerweile sind Kryptowährungen so weit verbreitet, dass es fast nichts mehr gibt, was Sie nicht mit irgendwelchen Coins kaufen könnten. Am weitesten verbreitet sind Kryptowährungen natürlich im Online-Handel. Wenn Sie im Internet mit Kryptowährungen einkaufen, bekommen Sie vom Händler eine Zahlungsaufforderung mit seinem Public Key als Zahlungsadresse geschickt. Wie bei klassischen Banküberweisungen wird Ihnen der Public Key entweder per E-Mail in einer Rechnung geschickt oder während des Bezahlvorgangs direkt auf der Internetseite des Online-Händlers eingeblendet. Sobald Sie diesen erhalten haben, können Sie Ihr Geld transferieren und die Bestellung ausführen.

Doch Kryptowährungen funktionieren nicht nur online. Inzwischen gibt es auch immer mehr lokale Geschäfte und Cafés, in denen Sie mit Coins bezahlen können. Damit Sie nicht die ewig langen Public Keys abtippen müssen, gibt es einen Trick, der die ganze Sache äußerst praktisch macht. Ein Schlüssel kann nämlich in einen QR-Code umgewandelt werden. QR-Codes haben Sie sicherlich schon öfter mal gesehen, das sind weiße Quadrate mit vielen schwarzen Vierecken darin. Damit lassen sich alle möglichen Daten grafisch darstellen. Scannt man in unserem Fall einen solchen QR-Code mit dem Smartphone, kann das Wallet daraus automatisch wieder den Public Key ermitteln und ihn direkt als Zahlungsziel eintragen.

Natürlich gibt es aber auch noch immer viele Geschäfte und auch Online-Stores, die keine Kryptowährungen akzeptieren, Amazon oder Zalando zum Beispiel. Trotzdem können Sie auch in solchen Stores mit Kryptowährungen bezahlen, und zwar mit einem weiteren Trick. Es gibt mittlerweile Drittanbieter, über die Sie bei allen Online-Stores mit Coins bezahlen können, die eigentlich noch keine Kryptowährungen akzeptieren. Das funktioniert so: Sie überweisen einem solchen Drittanbieter Kryptocoins, und der überweist dann für Sie den entsprechenden Betrag in Euro an den Online-Händler. Dafür steckt sich die Drittplattform eine kleine Gebühr ein. Das ist zwar ein kleiner Umweg, ermöglicht es Ihnen aber dennoch heute schon, praktisch in jedem Online-Shop der Welt mit Kryptowährungen einkaufen zu können.

Sie kennen nun die Grundzüge der Blockchain-Technologie und wissen, dass es unterschiedliche Währungen, Keys und Wallets gibt. Doch urplötzlich begegnen Sie auch in der digitalen Welt der Kryptowährungen der ominösen »Schwäbischen Hausfrau«, denn bevor Sie Ihre Coins nach Lust und Laune ausgeben können, müssen Sie erst einmal welche in Ihrem Wallet haben. Das führt unmittelbar zur nächsten Frage: Wie kommen Sie überhaupt an Coins?

WOHER BEKOMME ICH KRYPTOCOINS?

Sie haben nun also ein Wallet eröffnet und damit Ihren ersten Public Key, aber leider herrscht dort gähnende Leere. Wie können Sie das ändern, wie bekommen Sie nun Ihre ersten Coins?

Einen Weg haben Sie bereits im Blockchain-Kapitel kennengelernt: Mining! Sie könnten also ein Mining-Programm auf Ihrem Computer installieren, dort Ihren Public Key als Zieladresse für mögliche Belohnungen eingeben und Ihren Computer laufen lassen. Wenn Sie allerdings nicht gerade einen Computer mit mehreren extrem leistungsstarken Grafikkarten besitzen, wird es mittlerweile sehr lange dauern, bis die ersten Coins in Ihrem Wallet auftauchen. Wenn überhaupt. Denn anders als noch vor ein paar Jahren lohnt sich das Mining mit normalen Homecomputern bei den gängigsten Kryptowährungen heute kaum noch.

Das heißt nicht, dass dieser Weg generell nicht mehr funktioniert. Es gibt Menschen, die in den vergangenen Jahren viel Geld in spezielle Mining-Computer investiert und damit zum Teil große Gewinne erzielt haben. Wenn Sie also ein echter Miner werden wollen, steht Ihnen dieser Weg natürlich weiterhin offen. Im Internet gibt es zahlreiche Anleitungen, wie man sich einen entsprechenden Hochleistungscomputer möglichst kostengünstig zusammenstellen und anschließend richtig einstellen kann. Allerdings sollten Sie sich, wie erwähnt, einem Mining Pool anschließen. Das sind Zusammenschlüsse von ganz vielen Menschen, die ihre Rechenleistung bündeln, um gemeinsam zu minen, und die Belohnung aufteilen. So gesehen sind Mining Pools ein Stück weit vergleichbar mit Tippgemeinschaften im Lotto.

Was aber, wenn Sie nicht gerade vorhaben, sich einen eigenen Mining-Computer anzuschaffen? Dann gäbe es da zum Beispiel die Möglichkeit des *Cloud Mining*. Beim Cloud Mining zahlen Sie, meist für eine Laufzeit von einem Jahr, einen gewissen Geldbetrag an einen Anbieter. Dieser Anbieter hat irgendwo auf der Welt (meist da, wo der Strom besonders günstig ist) eine große Serverfarm stehen, die er mit dem eingenommenen Geld immer erweitert. Für die Laufzeit Ihres Vertrages können Sie nun die Rechenleistung des Drittanbieters zum Mining benutzen. Sie mieten also quasi einen Mining-Rechner irgendwo auf der Welt gegen eine jährliche oder monatliche Gebühr. Über die eigentliche Mietgebühr hinaus behalten die meisten Cloud-Mining-Anbieter etwa 20 Prozent der Einnahmen. Für die Anbieter ein durchaus lukratives Geschäft, aber auch für Sie kann das eine spannende Lösung sein, denn Sie müssen sich nicht mit der ganzen Technik herumschlagen. Es ist wie bei einer Anleihe oder einer anderen Form von Beteiligung: Einfach einen Cloud-Mining-Vertrag abschließen und beobachten, wie nach und nach Coins in Ihrem Wallet auftauchen.

Cloud Mining ist zwar praktisch, es gibt aber wie immer auch ein paar bedenkenswerte Nachteile. Erstens legen Sie sich bei Cloud-Mining-Verträgen meistens für einen bestimmten Zeitraum fest. Wenn ausgerechnet in dieser Zeit der Kurs der vertraglich vereinbarten Kryptowährung fällt, kommen Sie aus dem Vertrag nicht mehr raus. Und glauben Sie mir: Kurse von Kryptowährungen schwanken meistens stark! Schließlich haben digitale Währungen keinen eindeutig definierbaren Wert – ihr Wert ergibt sich einzig und allein aus dem Zusammenspiel von Angebot, Nachfrage und Spekulation. Es kann Ihnen beim Cloud Mining also passieren, dass Sie ein Jahr lang einen völlig unrentablen Coin schürfen. Hätten Sie sich dagegen eigene Mining-Hardware angeschafft, könnten Sie einfach und flexibel jeden Tag aufs Neue entscheiden, welche Kryptowährung Sie gerade schürfen möchten. Außerdem kommt noch das Problem hinzu, dass Sie beim Cloud Mining wieder extrem großes Vertrauen in den Anbieter haben müssen. Noch immer gibt es auf diesem Markt ziemlich viele zwielichtige Gestalten. Bei manchen stellte sich heraus, dass sie von dem eingenommenen Geld gar nicht erst genügend Mining-Hardware angeschafft haben. Andere weigerten sich, am Ende die geschürften Coins auszubezahlen. Und einige besonders dreiste Anbieter hatten überhaupt nie die Absicht, zu schürfen, sondern wollten durch ein Schneeballsystem (Kunden werben Kunden werben Kunden) einfach nur möglichst viel Geld einsammeln. Sie hielten das System zunächst am Laufen, indem sie vorgaben, es würden tatsächlich Coins geschürft, dabei kauften sie ihren bereits vorhandenen Kunden Coins von den Einlagen der Neukunden, bis die ganze Sache vor die Wand fuhr.

Sollten Sie sich dazu entscheiden, einen Cloud-Mining-Dienst zu nutzen, sollten Sie also vorher eine gründliche Recherche betreiben, um einen vertrauenswürdigen Anbieter zu finden. Suchen Sie einen Anbieter, über den es seriöse Berichte gibt und zu dem Sie viele gute Bewertungen finden. Am besten suchen Sie nach einem Anbieter, der es seinen Kunden erlaubt, die Mining Server persönlich zu besuchen. Es gibt durchaus mehrere Anbieter, die das möglich machen. Ob Sie dann wirklich dorthin fliegen, bleibt natürlich Ihnen überlassen, aber ein Anbieter wird es Ihnen wohl kaum anbieten, wenn er seinen Job nicht wirklich gut macht und über genügend Serverkapazität verfügt. Aber ein Restrisiko bleibt natürlich auch dann noch.

Sie können selbstverständlich aber auch ganz ohne Mining an Coins herankommen. Der einfachste Weg wäre, wenn einer Ihrer Freunde schon Coins besitzen würde. Er könnte Ihnen einfach ein paar Coins an Ihren Public Key schicken, entweder als Geschenk oder im Tausch gegen ein paar Euros. Ohne die Starthilfe von Freunden geht es aber natürlich auch. Es gibt inzwischen zahlreiche Handelsplattformen, auf denen Sie klassisches Geld online gegen Kryptowährungen tauschen können. Dort konnten Sie beispielsweise einen Bitcoin für stolze 6500 Euro kaufen (Stand Ende März 2018). Es gibt unzählige dieser Plattformen, und die Kurse schwanken dort von Tag zu Tag. Die momentan wohl bekannteste Plattform dieser Art ist *Coinbase*. Wenn Sie auf einer solchen Handelsplattform Coins gekauft haben, können Sie diese ganz einfach in Ihr privates Wallet transferieren. Selbstverständlich können Sie auf diesen Plattformen nicht nur echtes Geld gegen Kryptowährungen tauschen. Das Ganze geht auch andersherum: Sie können Kryptocoins jederzeit wieder zurück in klassisches Geld eintauschen. Wenn Sie sich beispielsweise doch dazu entscheiden sollten, Kryptocoins zu minen, dann könnten Sie die geschürften Coins auf einer solchen Handelsplattform verkaufen und sich somit mit virtueller Rechnerleistung ein stetiges Einkommen in analogen Euro generieren.

Handelsplattformen für Kryptowährungen sind mittlerweile eine echte Spielwiese für Spekulanten geworden, wodurch die Preise immer weiter in die Höhe getrieben wurden. Vergleichbar ist das Ganze am ehesten mit dem Devisenmarkt oder der Börse. Es wird gekauft, woran alle glauben – es wird verkauft, wenn das Vertrauen verloren geht.

Übrigens können Sie nicht auf jeder Handelsplattform alle Coins kaufen. Besonders bei neueren und exotischeren Kryptowährungen, zu denen wir später noch ausführlicher kommen, ist es oft gar nicht so einfach, eine Handelsplattform zu finden, auf der man solche sogenannten *Altcoins* kaufen kann. Generell sollten Sie auch hier wieder vorsichtig bei der Auswahl sein. Genau wie bei den Cloud-Mining-Diensten gibt es auch bei den Handelsplattformen noch immer viele schwarze Schafe, die darauf aus sind, Ihr Geld abzuzocken beziehungsweise Ihnen Coins zu überteuerten Preisen anzudrehen. Bevor Sie bei einer Handelsplattform tatsächlich für echtes Geld Coins kaufen, sollten Sie eine kurze Internetrecherche durchführen, um herauszufinden ob die Plattform auch wirklich seriös ist. Coinbase ist wie gesagt eine der größten und bekanntesten und untersteht allein schon deshalb einer Transparenz, die für eine gewisse Sicherheit sorgt, aber noch ist der Markt zu schnelllebig, um hier verbindliche Aussagen machen zu können.

Zurück zu Ihren Möglichkeiten: Sie können nicht nur klassisches Geld in Kryptowährungen und wieder zurück wechseln. Wenn Sie erst einmal einige Kryptocoins besitzen, können Sie diese selbstverständlich auch auf Handelsplattformen gegen andere Kryptowährungen eintauschen. Sie können alles gegeneinander eintauschen: Bitcoin gegen Litecoin, Litecoin gegen Ethereum, Ethereum gegen Dash – wie Sie wollen! Auch hier schwanken die Kurse von Tag zu Tag.

Wenn Sie Kryptowährungen nicht kaufen wollen, um tatsächlich mit ihnen zu bezahlen, sondern wenn Sie nur Kryptowährungen kaufen wollen, um damit Spekulationsgewinne zu machen, haben Sie noch andere Möglichkeiten. Bei Anbietern wie Plus500 können Sie zum Beispiel Optionsscheine auf Kryptowährungen kaufen – damit schließen Sie eine Wette darauf ab, dass der Kurs dieser Kryptowährung wahlweise steigt oder fällt. Eine Wette auf einen steigenden Kurs nennt man Call, eine Wette auf einen sinkenden Kurs heißt Put. Kaufen Sie beispielsweise eine Call-Option auf Bitcoin, wetten Sie darauf, dass der Bitcoin-Kurs steigt. Tut er das, gewinnt auch Ihre Call-Option an Wert und Sie können diese gewinnbringend verkaufen. Fällt der Bitcoin-Kurs dagegen, verlieren Sie Geld.

Bei solchen Optionsgeschäften sollten Sie besonders vorsichtig sein, weil sie meistens »gehebelt« sind. In der Fachsprache nennt man das *Leverage*. Ein 20-facher Leverage bedeutet zum Beispiel, dass bei einem Kursgewinn von einem Euro Ihre Option 20 Euro Gewinn macht. Klingt verlockend! Das Problem ist nur, dass das für Verluste genauso gilt. Verliert der Bitcoin nämlich einen Euro an Wert, haben Sie mit Ihrer Option 20 Euro Verlust gemacht. Bereits geringe Kursbewegungen können bei Optionsgeschäften auf Kryptowährungen also zu gro-

ßen Gewinnen, aber eben auch zu großen Verlusten führen. Optionsgeschäfte mit Kryptowährungen sind also
nur etwas für Menschen, die sich intensiv mit dem Thema
Trading und den damit verbundenen Risiken und Gefah-
ren beschäftigen.

Ein guter Freund von mir hat im Jahr 2017, zu einer Zeit
also, in der Bitcoin stetig gestiegen ist, mehrere Tausend
Euro mit Optionsgeschäften verloren, weil bereits kleine
Kurskorrekturen nach unten so große Verluste zur Folge
hatten, dass sein gesamtes Vermögen auf dem Handels-
konto aufgebraucht war. Ist das Vermögen auf dem Han-
delskonto aufgebraucht, werden automatisch alle Optio-
nen geschlossen und das Geld ist weg. Der Fachausdruck
dafür ist der gefürchtete *Margin Call*. Also noch einmal:
So verlockend Optionsgeschäfte auch klingen mögen,
dabei ist größte Vorsicht geboten! Etwas derart Volatiles
wie Kryptowährungen mit einem zusätzlichen Hebel zu
traden, birgt nicht nur extreme Gewinnmöglichkeiten,
sondern auch extreme Risiken. Der Kasinokapitalismus
lässt grüßen!

Lassen wir ab von möglichen Spekulationen und wenden uns nun den Währungen zu, die das neue Geld ganz
konkret zu bieten hat.

WAS IST BITCOIN?

Bisher habe ich meistens nur allgemein von »Kryptowäh-rungen« und »Coins« gesprochen. Das möchte ich nun ändern und ein bisschen Ordnung in das Kryptodurch-einander bringen. Bei Erscheinen dieses Buches gibt es über 4000 Kryptowährungen, von denen sich einige mehr, andere weniger stark voneinander unterscheiden. All diese Kryptowährungen hier aufzuzählen oder gar einzeln zu beschreiben, wäre zwar nicht vollkommen unmöglich, aber ein ziemlich sinnloser Aufwand. Deshalb werde ich mich im Folgenden auf einige der aktuell wich-tigsten und für die Zukunft vielversprechendsten Kryp-towährungen beschränken. Beginnen wir mit der »Mut-ter aller Kryptowährungen«, die durchaus ein eigenes Kapitel verdient hat: Bitcoin.

Bitcoin ist seit Jahren unumstritten die verbreitetste und bekannteste Kryptowährung der Welt. Das Konzept für Bitcoin wurde von einer Person namens *Satoshi Naka-moto* entwickelt und am 31. Oktober 2008 veröffentlicht.

In einem öffentlichen Forum berichtete Satoshi damals über die Entwicklung und Programmierung der Kryptowährung und tauschte sich mit anderen Programmierern aus, die ihm bei dem Projekt halfen. Am 3. Januar 2009 wurde dann der erste Bitcoin-Block geschürft (der sogenannte Block 0 oder Genesis-Block) und mit ihm die ersten Bitcoins – das war die Geburtsstunde der Kryptowährung.

So eindeutig der Startschuss nachvollziehbar ist, so rätselhaft bleibt bis heute der Erfinder von Bitcoin. Wer tatsächlich hinter dem Pseudonym Satoshi Nakamoto steckt, weiß niemand außer ihm selbst. Womöglich sind es auch mehrere Personen. Es gilt nicht einmal als gesichertes Wissen, ob Satoshi Nakamoto noch lebt. Wie so oft bei schleierhaften Entstehungsmythen gab es schnell die unterschiedlichsten Theorien zu einzelnen Personen, die Satoshi Nakamoto gewesen sein sollen. Andere Vermutungen gehen von einem kleinen Zirkel bis hin zu einer größeren Gruppe aus. Es entstand ein wahrer Kult um die Frage, wer dieser mysteriöse Satoshi gewesen sein könnte, und immer mal wieder tauchen Meldungen auf, dass das Rätsel endlich gelöst sei.

2014 wurde ein alter Mann, der tatsächlich den Namen Dorian Satoshi Nakamoto hatte, ausfindig gemacht und wochenlang von Reportern und Kryptofans belagert. Er war ziemlich verwirrt, stritt alles ab – aber alle dachten, das sei nur Tarnung! Denn Satoshi Nakamoto würde natürlich nie zugeben, dass er es wirklich ist. Schließlich möchte er ja unerkannt bleiben. Also belagerten sie weiter den armen alten Mann, bis ein paar Tage später herauskam, dass der Mann tatsächlich nichts mit Bitcoin zu tun hatte. Die Suche musste also weitergehen, und es mangelt bis heute nicht an Gerüchten.

Zuletzt mehrten sich im November 2017 angebliche

Hinweise darauf, dass Tesla- und SpaceX-Gründer Elon Musk möglicherweise hinter dem Pseudonym Satoshi Nakamoto stecken könnte. Aber auch das ist vermutlich eher in die Kategorie Wunschdenken einzuordnen. Vielleicht sollten wir uns lieber so langsam mit dem Gedanken anfreunden, dass es für immer ein Rätsel bleiben wird, wer Satoshi Nakamoto wirklich war.

Und inzwischen ist das auch gar nicht mehr das Entscheidende, denn schon kurz nach dem Start der Kryptowährung zog sich Satoshi Nakamoto aus der Entwicklung zurück. Kaum war die Kryptowährung erfolgreich gestartet, hörte niemand je wieder etwas von Satoshi. Er programmierte Bitcoin und überließ die Währung anschließend sich selbst. Seitdem beraten und entscheiden Miner, Programmierer und Interessierte im bereits erwähnten GitHub-Forum über die Zukunft der Kryptowährung. Dort diskutieren sie gemeinsam, wie man den Code von Bitcoin weiterentwickeln und verbessern könnte, was sie allesamt zu einer neuen demokratischen Art Satoshi Nakamoto macht.

Anfangs war Bitcoin nur ein Spartenphänomen und lediglich ein paar Kryptonerds bekannt. Damals war Bitcoin auch de facto wertlos, weil es überhaupt keine Nachfrage nach der digitalen Währung gab. Mit der Zeit wurde die Kryptowährung aber immer bekannter und praktischer, weil man mehr und mehr Sachen damit kaufen konnte – anfangs allerdings vor allem Drogen und Waffen im Darknet. Dieser Ruf hängt Bitcoin bis heute noch nach. Im Darknet, also im anonymen und nicht überwachten Internet, waren damals Online-Händler wie AlphaBay oder Silk Road erfolgreich. So wie man bei Amazon Bücher bestellen kann, konnte man dort Drogen, Waffen und alles andere kaufen, was man eigentlich nicht kaufen können sollte. Bitcoin war das perfekte Zahlungsmittel für solche Handelsplattformen im Darknet, weil Transaktionen mit der Kryptowährung Käufern und Verkäufern mehr Anonymität boten als klassische Zahlungsmittel. Wenn man Waffen, Drogen oder Pornos im Darknet kauft, ist man vermutlich froh, wenn einem niemand durch ein Überweisungsprotokoll bei der Bank auf die Schliche kommen kann. Logisch, aber trotzdem illegal.

Bitcoin entwickelte sich zunächst also zum Zahlungsmittel der Wahl für Kleinkriminelle. Heute noch wird Bitcoin das oft vorgeworfen, viele Menschen denken sogar, dass Bitcoin für nichts anderes als kriminelle Machenschaften gut sei. Als ich meiner Mutter einmal erzählte, dass ich Bitcoins kaufen wollte, fragte sie: »Ist das nicht was Verbotenes? Für Waffen und Drogen im Internet und so?«

Nein, Mama, das stimmt so nicht! Viele der großen Warenhäuser im Darknet sind mittlerweile dichtgemacht worden, und Bitcoin wird heute zum Großteil zum Kauf von ganz normalen, legalen Waren genutzt. Es wurden sogar schon Einfamilienhäuser mit Bitcoins gekauft – und etwas Spießigeres und Normaleres kann es wohl kaum geben. Trotzdem kann sich die Kryptowährung nicht davon freisprechen, dass sie ihren wundersamen Aufstieg zumindest zum Teil dem Darknet und den vielen dubiosen Geschäften dort zu verdanken hat. Und auch heute wird Bitcoin sicherlich noch gerne als Zahlungsmittel für unsaubere Deals genutzt. Dabei sollte man allerdings nie vergessen, dass auch mit Euro und Dollar nicht nur legale Dinge geschehen: Es werden Drogen und Waffen an Bahnhöfen vertickt, Handwerker schwarz bezahlt, und auch die Terroristen, die den 11. September planten, wurden mit ganz normalem Geld bezahlt. Letztlich ist Bitcoin, genau wie jede herkömmliche Währung, eben nur ein Werkzeug und nicht unmittelbar damit gleichzusetzen, wofür Menschen es benutzen. Man kann mit einem Hammer einen Nagel in die Wand schlagen, aber leider nun mal auch einen Menschen umbringen.

Von Beginn an war der Kursverlauf von Bitcoin eine ziemliche Achterbahnfahrt. Nach einem (logischerweise) fast wertlosen Anfangspunkt schnellte der Kurs nach einem Medienhype im Jahr 2011 auf damals sensationelle 31 Dollar, nur um kurz darauf wieder auf zwei Dollar abzustürzen. Dieses Muster sollte sich in den folgenden Jahren noch oft wiederholen. Der Bitcoin-Kurs zuckt nach oben, dann berichten plötzlich die Medien über die aufstrebende Kryptowährung. Dadurch werden noch mehr Leute darauf aufmerksam, die Nachfrage steigt und der Kurs steigt weiter. Das geht so lange gut, bis die ersten Bitcoin-Besitzer nervös werden und beginnen, ihre Coins zu verkaufen. Plötzlich sinkt die Nachfrage, das Angebot steigt und der Kurs fällt. Dann berichten die Medien natürlich über den raschen Kursverlust des Bitcoin, was noch mehr Besitzer dazu bringt, ihre Coins zu verkaufen. Es handelt sich hier also um eine Art sich selbst erfüllende Prophezeiung, die zu extremen Kursschwankungen führt.

2013 knackte Bitcoin erstmals die 1000-Dollar-Marke, fiel 2015 aber wieder auf etwa 200 Dollar zurück. Im Jahr 2017 gab es dann die bisher größte Kursrallye mit Rekordwerten bis annähernd 20 000 Dollar für einen Bitcoin im Dezember. Kurz darauf, im Januar 2018 fiel der Kurs allerdings wieder unter die Marke von 10 000 Dollar. Es ist also keine Übertreibung, wenn man behauptet, dass Bitcoin noch immer extrem volatil ist, und das obwohl es die älteste und etablierteste Kryptowährung der Welt ist.

Die extremen Kursschwankungen sind ein ernsthaftes Problem für die Kryptowährung. Sie mögen zwar erfreulich sein für Spekulanten, die mit solchen Kursbewegungen Millionengewinne machen können, doch sie stellen für Menschen, die Bitcoin ernsthaft als alternatives, »bankenfreies« Zahlungsmittel verwenden wollen, ein erhebliches Problem dar. Logisch: Wenn eine Währung innerhalb weniger Tage die Hälfte ihres Wertes verlieren kann, macht das ihren professionellen und seriösen Einsatz quasi unmöglich.

Trotz (oder gerade wegen) aller starken Schwankungen hat Bitcoin den Kryptomarkt die längste Zeit komplett dominiert. Keine andere Währung kam vom Marktanteil her auch nur ansatzweise an den Platzhirschen heran. Das hat sich vor allem im Jahr 2017 grundlegend geändert. Seither gibt es durchaus einige Kryptowährungen, die Bitcoin in naher Zukunft sogar überholen könnten. Das liegt wohl auch daran, dass Bitcoin einige schwer lösbare Probleme hat, allen voran die sogenannte Block-Size-Debatte.

Dabei geht es um Folgendes: Bei Bitcoin gibt es, wie Sie wissen, alle zehn Minuten einen neuen Block, und die maximale Dateigröße eines neuen Blocks ist begrenzt. Es passt dadurch folglich nur eine begrenzte Anzahl an Transaktionen in einen neuen Block. Mittlerweile wird Bitcoin aber von so vielen Menschen genutzt, dass innerhalb von zehn Minuten mehr Transaktionen stattfinden sollten, als in einen neuen Block passen. Das führt in der Konsequenz dazu, dass nicht mehr alle Transaktionen ausgeführt werden können, und diese Kapazitätsprobleme führen zu Verzögerungen. Manchmal kann es tagelang dauern, bis eine Transaktion endgültig ausgeführt ist, und das alles bei einer weiterhin steigenden Zahl von Menschen, die Bitcoin benutzen. Aktuell sieht die »Lösung« so aus: Macht man eine Überweisung, sollte man den Minern eine Transaktionsgebühr von umgerechnet etwa 50 Cent bezahlen, um die Überweisung zu beschleunigen. Was bei einer Überweisung von großen Geldbeträgen ins Ausland kein Problem ist, weil eine geringe Gebühr im Verhältnis irrelevant ist, führt im alltäglichen Bitcoin-Handel allerdings zum Stillstand. Wenn Sie morgens einen Cappuccino für umgerechnet 2,50 Euro kaufen möchten, wollen Sie dafür nicht auch noch 50 Cent Transaktionsgebühr bezahlen. Müssten Sie bei Bitcoin aber, damit das Geld zeitnah beim Verkäufer ankommt. In der Praxis wird das wohl dazu führen, dass der Kaffeeverkäufer keine Lust mehr darauf hat, Zahlungen in Bitcoin zu akzeptieren. Das führt dann wiederum dazu, dass es weniger Nutzungsmöglichkeiten für die Kryptowährung gibt, was sie unattraktiver macht. Wie dramatisch dieses Problem ist, zeigt folgender Zahlenvergleich: Das Bitcoin-Netzwerk ist momentan gerade mal in der Lage, weniger als zehn Transaktionen pro Sekunde durchzuführen, während das Kreditkartennetzwerk weit mehr als 1000 Transaktionen pro Sekunde schafft. Auf Dauer kann das nicht gut gehen! Wenn in Zukunft noch mehr Menschen Bitcoin nutzen, droht das System zusammenzubrechen. Auch Transaktionskosten sind keine echte Lösung, weil sie das System teuer und undemokratisch machen – wenn nur noch Zahlungen mit hohen Transaktionsgebühren ausgeführt werden, belohnt das die Reichen und diskriminiert die Armen.

Schon lange diskutiert die Bitcoin-Gemeinschaft darüber, wie dieses Problem zu lösen sei. Sollte man nicht doch einfach die maximal zulässige Größe von Blocks erhöhen, um mehr Transaktionen durch das System zu bekommen? Könnte man häufiger als nur alle zehn Minuten einen neuen Block erstellen? Die breite Masse der Bitcoin-Gemeinde hat sich zunächst dagegen entschieden und stattdessen den Code etwas schlanker gemacht,

damit in dieselbe Blockgröße mehr Transaktionen hinein-
passen. Das hat das Problem zwar ein wenig entschärft,
aber keineswegs gelöst. Ein kleiner Teil der Bitcoin-
Gemeinde hat sich deshalb mit einer eigenen Kryptowäh-
rung namens Bitcoin Cash abgespalten. Die maximale
Blockgröße wurde auf das Achtfache erhöht, was dem
Bitcoin-Cash-Netzwerk deutlich mehr Transaktionen pro
Zeiteinheit ermöglicht.

Es gibt zwar einige neue Vorschläge, wie Bitcoin das
Block-Size-Problem in den Griff bekommen könnte, aber
eine überzeugende Lösung gibt es noch immer nicht. Es
ist durchaus denkbar, dass Bitcoin an dieser Debatte
scheitern und von anderen Kryptowährungen überholt
wird. Schauen wir uns daher im nächsten Kapitel doch
einige der interessantesten Alternativen an.

WELCHE ANDEREN KRYPTOWÄHRUNGEN GIBT ES?

Weil der Primus Bitcoin an Dominanz und Marktanteilen verliert und mit ernsthaften technologischen Problemen zu kämpfen hat (Stichwort *Block Size*), lohnt sich ein Blick auf andere Kryptowährungen, die es so am Markt gibt. Oft werden diese zusammenfassend als *Altcoins* bezeichnet, wobei »alt« nicht für alte, sondern für »alternative« Coins steht.

Es unterstreicht noch einmal, wie dominant Bitcoin lange Zeit war beziehungsweise immer noch ist, wenn man alle anderen Coins einfach unter einem Sammelbegriff zusammenfasst. Das liegt natürlich auch daran, dass die meisten dieser alternativen Kryptowährungen im Grunde genommen auf dem Bitcoin-Code und der Blockchain-Technologie beruhen und dadurch mehr oder weniger Kopien des Originals sind. Einige haben den Bitcoin-Code nur minimal verändert und dem Ganzen einen neuen Namen gegeben, während andere Altcoins echte Innovationen und Weiterentwicklungen vorweisen können. Deshalb sollte man Altcoins auf keinen Fall unterschätzen oder voreilig als billige Bitcoin-Imitate abtun – einige von ihnen haben nämlich heute schon Probleme gelöst, mit denen Bitcoin immer noch zu kämpfen hat, so mancher Altcoin scheint daher wesentlich zukunftssicherer zu sein als Bitcoin. Auch wenn es sich heute noch sehr unwahrscheinlich anhört, könnte es tatsächlich passieren, dass Bitcoin in ein paar Jahren als führende Kryptowährung abgelöst wird. Wissen Sie noch? Als Handys noch etwas Neues waren, gab es eine Zeit, da dachten alle, dass Nokia und Motorola bis in alle Ewigkeit die Platzhirsche bleiben würden. Kennen Sie heute noch jemanden mit einem Nokia- oder Motorola-Handy? Nein? Oft macht am Ende dann eben doch ein anderer als der Pionier das Rennen.

Ethereum

Eine der derzeit spannendsten alternativen Kryptowährungen ist Ethereum. Ethereum ist der Name der Währung, eine einzelne Einheit wird Ether genannt. Stand Anfang 2018 ist Ethereum die Kryptowährung mit der zweitgrößten Marktkapitalisierung nach Bitcoin. Ein Ether kostete Anfang 2018 etwa 1000 Dollar, was einen Kursanstieg von mehr als 8000 Prozent im vergangenen Jahr bedeutet. Genau wie Bitcoin basiert auch Ethereum auf der dezentralisierten Blockchain-Technologie, und neue Ether werden ebenfalls durch Mining geschürft. Anders als Bitcoin ist Ethereum aber keine reine Kryptowährung und damit eigentlich auch kein direkter Bitcoin-Konkurrent (auch wenn viele vermeintliche Experten genau das behaupten). Ethereum ist mehr als nur eine Kryptowährung: Es ist eine Art vernetztes, intelligentes und programmierbares Zahlungssystem. Es wird deshalb auch als dezentraler Supercomputer bezeichnet. **69**

Wie ist das zu verstehen? Um Missbrauch und Fehler zu vermeiden, gibt es bei Bitcoin kaum Möglichkeiten, die Währung zu programmieren. Das bedeutet, dass es abgesehen von händisch angewiesenen Überweisungen praktisch keine weiteren Funktionen gibt. Bei Ethereum ist das anders, denn Programmierungen und Erweiterungen sind gerade das Besondere an dieser Kryptowährung. Ethereum ist komplett programmierbar und zwar mithilfe sogenannter *Smart Contracts*. Smart Contracts sind, wie der Name schon sagt, Verträge – aber was bedeutet in diesem Zusammenhang »intelligent«? Vereinfacht könnte man sagen, dass Smart Contracts Verträge sind, die unter bestimmten Bedingungen ausgeführt werden und dann vollautomatisch Ether an ein bestimmtes Ziel überweisen können. Klingt vermutlich noch immer recht abstrakt, weshalb ich es an einem einfachen und beliebten Beispiel näher erläutern möchte. Mit Ethereum ist es möglich, dass Ihr smarter und mit dem WLAN verbundener Kühlschrank feststellt, dass die Butter fehlt. Vollkommen selbstständig führt Ihr Kühlschrank nun eine Lebensmittelbestellung aus und bezahlt die Rechnung mit Ether. Beim Händler wird der Eingang des Ethers vollautomatisch erkannt und die Butter abgeschickt. Ganz ohne aktive Beteiligung von irgendwelchen Menschen wurde also ein Tauschgeschäft mit Ether abgewickelt, einfach nur, weil die Bedingungen eines vorher programmierten Smart Contracts erfüllt waren!

Das ist aber nur eine sehr simple Anwendungsmöglichkeit von Smart Contracts, es gibt natürlich noch wesentlich komplexere als automatisierte Butterbestellungen. So könnte zum Beispiel ein selbstfahrendes Auto entwickelt werden, das vollautomatisch den ganzen Tag durch die Stadt fährt und Fahrgäste von A nach B bringt und die Zahlungen von Kunden mit Ethereum eigenständig entgegennimmt. Muss das Auto seine Batterie laden, fährt es selbstständig zu einer Tankstelle, lädt dort auf und bezahlt die Rechnung seinerseits mit Ether. Ist etwas kaputt, fährt das Auto »pflichtbewusst« in die Werkstatt, lässt sich reparieren und bezahlt auch diese Rechnung mit Ether. Am Monatsende macht das selbstfahrende Auto vollautomatisch eine Abrechnung und überweist seinem Eigentümer (vielleicht ja Ihnen?) den Gewinn in Ether auf sein Konto. Davon kann sein Kühlschrank dann wieder neue Butter bestellen – was für eine schöne neue Welt!

Denkbar ist mit Ethereum auch, dass endlich nervige Werbeanzeigen oder »Plus-Abos« auf Internetseiten verschwinden. Stattdessen könnte Ihr Browser pro Minute, die Sie auf einer Internetseite verbringen, vollautomatisch einen sehr geringen Ether-Betrag an den Betreiber der Seite überweisen. Dadurch, dass Kryptowährungen nahezu unendlich teilbar sind, wäre das technisch kein Problem. Wenn Sie beispielsweise täglich *Spiegel Online* nutzen, hätten Sie so am Monatsende vielleicht umgerechnet 1 oder 2 Euro an *Spiegel Online* bezahlt. Dadurch könnte sich das Unternehmen finanzieren, und Ihnen bliebe sowohl nervige Werbung als auch ein bindendes Plus-Abo erspart.

Solche Funktionen sind grundsätzlich natürlich auch mit unseren bestehenden Währungen wie Euro oder Dollar vorstellbar. Aber es gibt einige Hürden, die das in der Praxis erschweren, wenn nicht verhindern. Zum einen sind unsere heutigen Währungen zentralisiert, was dazu führt, dass nur Banken und Zentralbanken neue Funktionen für unser Geld entwickeln können. Firmen oder Privatpersonen können nicht einfach irgendwelche Funktionen oder Schnittstellen programmieren. Das hat eine eher langsame technologische Entwicklung in diesem Bereich zur Folge. Darüber hinaus sind auch die bürokratischen und gesetzlichen Hürden bei unserem heutigen Geld sehr hoch. Das skizzierte Bezahlsystem für *Spiegel Online* beispielsweise würde nur dann sinnvoll funktionieren, wenn Ihr Browser automatisch mit deren Server kommunizieren und winzig kleine Transaktionen selbstständig anweisen könnte, ohne Umweg über eine oder mehrere Banken. Es wäre in unserem heutigen Geldsystem auch nicht möglich, dass ein Auto selbstständig über eine Geldtransaktion »entscheidet«, es könnte Ihnen höchstens einen Vorschlag machen, den Sie dann selbst bei Ihrer Bank anweisen müssten. Das wäre allerdings nicht halb so effektiv und praktisch, und damit wäre die ganze Idee schon wieder witzlos. In unserem heutigen Geldsystem müssen Überweisungen (noch) von einem Menschen angewiesen und autorisiert werden. Dadurch (und auch dadurch, dass unsere herkömmlichen Währungen nicht beliebig teilbar sind und Transaktionen oft mit hohen Gebühren verbunden sind) sind Smart Contracts mit unserem heutigen Geld nicht möglich.

Mit Ethereum und/oder Smart Contracts ist theoretisch eine Welt denkbar, in der ein Großteil unserer alltäglichen Zahlungsvorgänge vollautomatisch ausgeführt werden. Vielleicht können wir uns also irgendwann ganz aufs Leben konzentrieren, und alles, was wir so tun und lassen, wird von unseren technischen Geräten vollautomatisch im Hintergrund bezahlt und abgerechnet. Diese Möglichkeit der Programmierung ist wohl der Grund dafür, dass einige große Konzerne wie IBM oder Microsoft mit Ethereum kooperieren, um lukrative Geschäftsmodelle und Anwendungsmöglichkeiten zu entdecken.

Litecoin

Eine weitere sehr beliebte alternative Kryptowährung ist Litecoin. Anfang 2017 konnten Sie einen Litecoin für gerade einmal knapp vier Euro kaufen – im Dezember 2017 mussten Sie dann schon mehr als 300 Euro hinblättern. Am Marktanteil gemessen gehört der Litecoin seit 2017 zu den beliebtesten Kryptowährungen. Anders als Ethereum hat Litecoin aber keine wirklichen Innovationen vorzuweisen, die den Altcoin ernsthaft vom großen Bruder Bitcoin unterscheiden würden. Abgesehen davon, dass bei Litecoin in derselben Zeit mehr neue Blocks geschürft werden als bei Bitcoin – was dazu führt, dass das Litecoin-Netzwerk einfach das schnellere von beiden ist –, gibt es kaum wesentliche Unterschiede. Im Grunde genommen ist Litecoin also einfach nur eine ziemlich billige Bitcoin-Kopie mit neuem Namen und mehr Tempo. Deshalb sind viele Experten auch eher skeptisch, ob sich Litecoin auf Dauer durchsetzen kann. Denn verglichen mit Bitcoin ist die Verbreitung und damit auch die praktische Einsatzmöglichkeit von Litecoin als Zahlungsmittel im Alltag noch sehr eingeschränkt. Kaum Vorteile, dafür aber der große Nachteil der schwierigen Ausgangslage. Ich würde nicht unbedingt auf dieses Pferd setzen.

Dash

Ein wesentlich spannenderer Bitcoin-Konkurrent ist Dash. Die alternative Kryptowährung unterscheidet sich nämlich laut ihren Entwicklern in vier wesentlichen Punkten von Bitcoin: Dash soll schneller, anonymer, demokratischer und nachhaltiger sein als der Branchenprimus. Aber stimmt das alles auch? Ich habe die versprochenen Vorteile auf Herz und Nieren geprüft, und hier sind meine Ergebnisse.

Schneller? Ja! Dash ist deshalb schneller als Bitcoin, weil im Netzwerk der neuen Kryptowährung nicht nur alle zehn, sondern alle zweieinhalb Minuten ein neuer Block erzeugt wird. Dadurch gibt es logischerweise mehr und schnellere Transaktionen im Dash-Netzwerk. Darüber hinaus bietet Dash die Möglichkeit einer sogenannten Instant-Send-Transaktion, die – wie der Name ja schon sagt – sofort ausgeführt wird. Mit dieser Funktion können Sie also jeder Person auf der Welt mit einem Dash-Wallet innerhalb weniger Sekunden Dash schicken. Der Haken an der Geschichte ist, dass für Instant-Send-Transaktionen verpflichtend eine Gebühr anfällt, die zusätzliche Schnelligkeit hat also ihren Preis.

Wie steht es um das Anonymitätsversprechen? Von Beginn an war es den Entwicklern von Dash sehr wichtig, dass Nutzer der Kryptowährung Zahlungen vollkommen anonym ausführen können. Deshalb hieß die Kryptowährung früher auch mal »Darkcoin«, was dann aber irgendwie doch zu sehr an Darknet und kriminelle Machenschaften erinnerte. Der Name wurde also gewechselt, die Idee der Anonymität blieb aber bestehen. Dash bietet seinen Nutzern heute noch immer optional die Möglichkeit, Transaktionen so auszuführen, dass sie praktisch nicht zurückverfolgt werden können. Wie bereits erwähnt ist das bei Bitcoin so nicht möglich.

Auch das Demokratieproblem, die komplizierte und oft langwierige Entscheidungsfindung von Bitcoin, versucht Dash zu lösen, und zwar durch eine Art Teilhabersystem. Dash ist nicht vollkommen dezentralisiert organisiert wie Bitcoin, es gibt stattdessen eine Art Dachgesellschaft, die sich um die Weiterentwicklung der Kryptowährung kümmert. Ein gewisser Anteil des gesamten Vermögens des Dash-Netzwerks bleibt immer in dieser Dachgesellschaft. Bei jedem neu geschürften Block erhält nicht nur der schnellste Miner eine Belohnung, auch jeder Teilhaber der Dachgesellschaft bekommt einen gewissen Prozentsatz als Belohnung, also eine Art Dividende. Teilhaber heißen im Dash-Netzwerk Master Nodes. Besitzt man ein Vermögen von mindestens 1000 Dash-Coins, kann man Master Node werden. Damit ist man dann Teilhaber des Dash-Netzwerks, vergleichbar mit einem Aktionär bei einer Aktiengesellschaft. Je größer die finanzielle Beteiligung am Dash-Netzwerk, desto mehr Stimmanteile und Dividendenanspruch hat man. In regelmäßigen Abständen findet unter allen Master Nodes eine Abstimmung über mögliche Weiterentwicklungen des Netzwerks statt. Gegen eine Gebühr von fünf Dash-Coins kann man als Master Node einen eigenen Antrag mit Änderungsvorschlägen einbringen. Wird ein Änderungsvorschlag von der Gemeinschaft akzeptiert, stellt die Dachgesellschaft aus ihrem Vermögen die nötigen finanziellen Mittel zur Verfügung, um diese Änderung dann auch entwickeln und umsetzen zu können. Sie merken schon: Anders als Bitcoin ist Dash zentralisierter und erinnert von seiner Organisationsform her mehr an einen

Aktienkonzern. Das ist zwar einerseits ein Vorteil, wenn es darum geht, das Netzwerk weiterzuentwickeln und schnell verbindliche Entscheidungen zu treffen, andererseits widerspricht es dem Grundgedanken von Kryptowährungen als vollkommen dezentralisierten Netzwerksystemen. Denn selbstverständlich bündelt die Dachgesellschaft bei Dash jede Menge Macht und Entscheidungskraft. Das Versprechen, demokratischer zu sein als Bitcoin, sehe ich daher nicht eingelöst.

Dadurch, dass es bei Dash eine Dachgesellschaft gibt, ergeben sich neben der Entwicklungsgeschwindigkeit aber noch weitere Vorteile. Die Dachgesellschaft verfügt über ein großes eigenes Vermögen, das sie investieren kann, um die Kryptowährung nach vorne zu bringen. Das umfasst nicht nur neue Programmierungen, sondern beispielsweise auch PR-Maßnahmen. So hat Dash jahrelang gemeinsam mit der Moderatorin Amanda B. Johnson eine Talkshow produziert, in der das Dash-Netzwerk über Neuerungen und aktuelle Kryptothemen informiert wurde. Habe ich immer gerne angeschaut, war ein guter zusätzlicher Service! Außerdem arbeitet das Dash-Entwicklerteam ehrgeizig an weiteren Projekten wie beispielsweise dem Evolution Wallet. Das soll eine völlig neue Form des Wallets werden, die wesentlich nutzerfreundlicher, zugänglicher und übersichtlicher sein soll als bisherige Wallets: keine ellenlangen, kryptischen Public Keys und Passwörter mehr, Dash möchte eine Kryptowährung für jedermann und nicht nur für Nerds werden. Das Evolution Wallet soll so einfach zu bedienen sein wie WhatsApp. Ich bin sehr gespannt, ob das klappt.

Ripple

Und dann wäre da noch Ripple – auch diese Kryptowährung ist Bitcoin seit Längerem auf den Fersen und rangiert auf den vordersten Plätzen unter den Verfolgern. Ripple basiert auf der gleichen Idee wie alle anderen Kryptowährungen – unterscheidet sich aber doch in einigen wesentlichen Punkten. Zum einen wird Ripple vom gleichnamigen Konzern »Ripple Labs« kontrolliert. Dieser hält den Großteil der Ripple-Coins in seinem Besitz. Das widerspricht dem Kerngedanken von Kryptowährungen: Dezentralisierung. Außerdem gibt es bei Ripple kein Mining – gleich mit Einführung der Kryptowährung wurde eine bestimmte Menge an Coins erzeugt und sofort verteilt. Dadurch fehlt die Kontrolle aller Transaktionen durch beliebige Miner. Warum also ist die Kryptowährung so erfolgreich? Das Besondere an Ripple ist, dass es von seinen Funktionen her eine Kryptowährung ist, die sich an Unternehmen und Banken wendet. Zwar können theoretisch auch Privatpersonen damit bezahlen, praktisch nutzen aber vor allem Unternehmen und Banken Ripple, weil sie damit große Mengen Geld in kürzester Zeit über den gesamten Globus verschicken können. Sie können Ripple als eine ergänzende, blitzschnelle Verrechnungswährung benutzen, um klassische Währungen wie Euro oder Dollar schneller austauschen zu können.

Begnügen wir uns hier mit dieser kurzen Erklärung und versuchen nicht tiefergehend zu verstehen, welche Mechanismen dahinterstecken. Wichtig ist allerdings noch zu betonen, dass viele Unternehmen und Banken noch in der Testphase und somit alles andere als sicher sind, ob sie am Ende längerfristig mit Ripple arbeiten werden. Insgesamt sollte man Ripple also durchaus etwas kritisch betrachten – weil sie zentralisiert organisiert ist, kann die Kryptowährung kontrolliert werden, was dem Grundgedanken von Kryptowährungen widerspricht und so auf lange Sicht zu einem ernsthaften Vertrauensproblem führen kann. Die Kontrollierbarkeit macht Ripple zwar für Banken und Unternehmen spannend, aber selbst diese sind noch nicht sicher, ob die Kryptowährung auf lange Sicht für sie nützlich ist.

IOTA

Zum Schluss dieses Kapitels möchte ich noch eine weitere alternative Kryptowährung nennen, die spätestens Ende 2017 ins Rampenlicht gerückt ist. Die Kryptowährung IOTA gehört mittlerweile zu den zehn wertvollsten Kryptowährungen und ist weiter auf dem Vormarsch, was vor allem daran liegt, dass IOTA zwei grundlegende Innovationen mitbringt. Zum einen basiert IOTA nicht auf der Blockchain, sondern auf der sogenannten DAG-Technologie (Directed Acyclic Graph). Was genau das ist und wie das funktioniert, vergessen wir an dieser Stelle einfach mal (das ist schon höhere Mathematik) und beschränken uns stattdessen auf die praktischen Vorteile der DAG-Technologie. Anders als die traditionelle Blockchain-Technologie erlaubt die DAG-Technologie trotz dezentraler Struktur praktisch unbegrenzte Transaktionen innerhalb von Millisekunden, und sogar die Anzahl der gleichzeitig ausgeführten Transaktionen ist unbegrenzt.

Die Kryptofans sind begeistert: Die neue Technologie könnte tatsächlich ein für alle Mal die Block-Size-Debatte beenden!

Die zweite Innovation von IOTA ist, dass es sich dabei um eine Machine-to-Machine-Währung handelt. Ja, Sie vermuten ganz richtig: Auch wenn es zugegebenermaßen im ersten Moment ziemlich verrückt klingt, ist IOTA programmiert und entwickelt worden, um von Maschinen untereinander genutzt zu werden, und zwar um andere Maschinen zu bezahlen. Menschen spielen in diesem Zahlungssystem keine aktive Rolle mehr. Soll ganz praktisch heißen: Nicht Sie sollen mit IOTA beim Tankwart bezahlen, sondern Ihr selbstfahrendes elektrisches Auto an der vollautomatischen Stromtankstelle! Mit IOTA könnte Ihr Smartphone in Zukunft vollautomatisch eine Gebühr an den Hersteller für bereitgestellte Updates bezahlen oder Ihre WLAN-Badewanne die Gebühren an die Stadtwerke für das warme Wasser überweisen. In großen Fabriken könnten sich Roboter untereinander mit IOTA für Dienstleistungen bezahlen. Die Einsatzmöglichkeiten der Machine-to-Machine-Währung sind nahezu endlos. Viele Experten sind deshalb der Meinung, dass IOTA ein echter Game Changer werden könnte. Das ist wohl auch der Grund, warum sich mittlerweile Weltkonzerne wie Volkswagen an der Weiterentwicklung beteiligen. Auch ich bin der Meinung, dass IOTA definitiv zu den momentan spannendsten und vielversprechendsten Kryptowährungen gehört.

Ich könnte wohl noch den Rest dieses Buches sowie mindestens 38 weitere Bücher damit füllen, die unterschiedlichen Altcoins dieser Welt aufzuzählen und zu erläutern – das würde wohl nur niemand lesen wollen. Deshalb höre ich an dieser Stelle auf. Wichtig ist mir nur, dass klar geworden ist, dass es viele verschiedene und ständig neue Kryptowährungen gibt, die mal mehr, mal weniger innovativ sind. Wenn Sie sich für die mögliche Zukunft unseres Geldes, aber auch für neue Investitionsmöglichkeiten interessieren, lohnt es sich, die Altcoin-Szene zu beobachten. Ich persönlich finde es sehr spannend, immer wieder zu schauen, welche neuen Kryptowährungen mit teilweise völlig neuartigen Ideen für den praktischen Einsatz oder auch aus technologischer Sicht auf den Markt kommen. Als ich beispielsweise zum ersten Mal von IOTA hörte, war ich tagelang fasziniert von der Idee, dass eines Tages Maschinen völlig selbstständig andere Maschinen bezahlen könnten, und welche Möglichkeiten sich uns dadurch eröffnen. Eine andere Welt, ein besseres Leben könnte mit solchen Kryptowährungen möglich werden, und zwar schneller, als viele vermuten würden.

Auf Internetseiten wie coinmarketcap.com können Sie sich jederzeit über die aktuellen Marktanteile der verschiedenen Kryptowährungen informieren, was Ihnen schon mal eine gute Übersicht verschafft. Auf Seiten wie bitcointalk.org oder coindesk.com finden Sie aktuelle News und Analysen zu neuen Kryptowährungen. Wenn Sie sich auf diesen Seiten umschauen, werden Sie feststellen, dass es dort nicht nur Bitcoin, sondern auch Bitcoin Cash und Bitcoin Gold gibt, und neben Ethereum gibt es auch noch Ethereum Classic. Wenn Sie sich nun fragen, ob diese Altcoins nicht nur die Funktionen, sondern auch gleich noch den Namen von bestehenden Kryptowährungen geklaut haben, kann ich Sie beruhigen. Nein, diese Währungen sind noch einmal etwas anderes, sie sind nämlich durch sogenannte *Forks* entstanden. Und was das nun schon wieder ist, sehen wir uns im nächsten Kapitel an.

WAS IST EIN FORK?

Fork, auf Deutsch Gabel, ist einer der wenigen wirklich zutreffenden Begriffe aus der Kryptowelt: Als Fork wird nämlich eine »Ab-Gabelung« bezeichnet, also die Abspaltung eines Teils vom Rest einer bestehenden Kryptowährung. Wenn sich die Gemeinschaft einer Kryptowährung über eine bestimmte Entscheidung zerstreitet, kann es passieren, dass sich ein Teil des Netzwerks abspaltet und eine neue Kryptowährung gründet. Die neue und die alte Kryptowährung teilen dann bis zum Zeitpunkt des Forks die gleiche Transaktionsgeschichte, also die gleiche Blockchain – vom Zeitpunkt des Forks an gehen sie dann aber getrennte Wege.

Einer der wichtigsten Forks 2017 war zweifelsohne der Bitcoin-Cash-Fork. Wie ich im Bitcoin-Kapitel ja schon beschrieben habe, gibt es innerhalb des Bitcoin-Netzwerks schon lange eine Diskussion darüber, ob die Größe der Blöcke erhöht werden sollte: die Block-Size-Debatte. Ein Teil der Miner war dafür, ein anderer Teil dagegen, eine Einigung konnte bislang nicht gefunden werden. Am 1. August 2017 spaltete sich schließlich der Teil des Bitcoin-Netzwerks, der für die Erhöhung der Blockgröße war, vom Rest des Netzwerks ab. Sie programmierten Bitcoin so um, dass es größere Blocks geben kann, und nannten diese neue Kryptowährung Bitcoin Cash. Bis zum 1. August 2017 teilen sich Bitcoin und Bitcoin Cash also dieselbe Blockchain, seither gehen die beiden Währungen getrennte Wege und sind nicht mehr miteinander kompatibel. Sie existieren nun parallel nebeneinander als wären sie zwei strikt getrennte Kryptowährungen, auch wenn sie einen ähnlichen Namen tragen. In der Blockchain kann man sich das folgendermaßen vorstellen: Während die Blockchain von Bitcoin vor und nach dem 1. August 2017 nach demselben Muster verläuft, werden in der Bitcoin-Cash-Community seit dem 1. August 2017 nur noch Blöcke auf Basis des Software-Updates geschürft, das nun auch deutlich größere Blöcke erlaubt. Es werden von nun an also zwei Blockchains gepflegt, durch die sich die beiden Währungen voneinander unterscheiden wie jede andere Kryptowährung mit Blockchain-Technologie.

Eine ganz zentrale Rolle kommt im Falle eines Forks wieder den Minern zu: Denn mit ihrer Entscheidung, welche Blocks sie fortan schürfen – entweder die der »klassischen« oder die der »abgespaltenen« Kryptowährung –, bestimmen sie letztlich, welche der beiden Währungen sich längerfristig durchsetzt.

Vielleicht fragen Sie sich jetzt, was bei einem solchen Fork passiert, falls man Coins der entsprechenden Währung besitzt. Generell bleiben Private Keys in der »alten« Blockchain natürlich weiterhin gültig. Ihre bestehenden Coins verlieren Sie bei einem Fork also nicht. Im Gegenteil! Bei einem Fork bekommt man meist zusätzliche Private Keys, mit denen man Coins der neuen, sich abspaltenden Kryptowährung erhält. Beim Bitcoin-Cash-Fork beispielsweise erhielt jeder Besitzer entsprechend seinem Bitcoin-Vermögen ein Bitcoin-Cash-Vermögen gutgeschrieben. Ja, richtig verstanden: Bitcoin-Besitzer konnten dank des Forks ihre Coins quasi verdoppeln. Sie haben nach einem Fork weiterhin ihr Vermögen in der

»klassischen« Währung und zusätzlich das gleiche Vermögen in der »abgespaltenen« Kryptowährung. Doch das ist nur ein kurzes Vergnügen, denn meistens verliert kurz nach einem Fork entweder die abgespaltene oder die klassische Währung an Wert, was die Verdopplung schnell relativiert.

Es ist im Falle eines Forks aber auch Vorsicht geboten: Wenn Sie nämlich ein Online Wallet benutzen, Ihre Private Keys also nicht auf einer lokalen Festplatte, sondern auf dem Server eines Drittanbieters speichern, kann es bei einem Fork zu Problemen kommen. Oft sind solche Wallet-Anbieter nämlich selbst Miner, die im Falle eines Forks eine bestimmte Seite unterstützen. Es könnte also passieren, dass Ihr Wallet-Anbieter die sich abspaltende Kryptowährung unterstützt und Ihre Private Keys zur klassischen Kryptowährung am Tag des Forks nicht mehr unterstützt oder sogar löscht. Der Anbieter könnte argumentieren, dass es sich bei der abgespaltenen Währung um ein Update beziehungsweise die einzig legitime Weiterentwicklung der Kryptowährung handelt und deshalb die alten Keys nicht mehr von Relevanz sind. Deshalb raten Experten immer wieder, Private Keys im Falle eines drohenden Forks lokal auf der Festplatte anstatt bei einem Drittanbieter zu speichern. Theoretisch wäre es zwar nett, wenn Drittplattformen Sie vorher davor warnen würden, dass sie eine bestimmte Kryptowährung nach einem Fork nicht mehr unterstützen, aber praktisch gilt das Problem: Wo kein international eindeutiger Rechtsrahmen vorhanden ist, gibt es auch keine verbindlichen Regeln. Ein Grundproblem der Kryptowelt.

Sollten Sie demnächst mal etwas über Forks lesen, werden Sie außerdem feststellen, dass immer wieder die Rede von Hard und Soft Forks ist. Das ist ein wichtiger Unterschied, den ich an dieser Stelle kurz erklären möchte.

Alles, was ich bisher in diesem Kapitel geschildert habe, waren Beispiele für sogenannte Hard Forks. Wie der Name schon sagt, sind diese Abspaltungen »hart«, was bedeutet, dass es keine Kompatibilität mehr zwischen der abgespaltenen und der klassischen Kryptowährung gibt. Bitcoin und Bitcoin Cash sind zwei hart voneinander getrennte Kryptowährungen. Ein Hard Fork passiert meistens dann, wenn die Community einer Kryptowährung vorher zwei nicht mehr vereinbare Meinungen zu einer Streitfrage entwickelt hat. Man kann nun mal, um beim Bitcoin-Beispiel zu bleiben, keinen Kompromiss dazwischen finden, ob man die Block Size vergrößern sollte oder nicht – entweder man macht oder man lässt es. Lässt sich eine Seite nicht vom Gegenteil überzeugen, ist eine harte Trennung in zwei Lager die einzige Lösung.

Ein Soft Fork ist etwas anderes. Als Soft Forks bezeichnet man Software-Updates von Kryptowährungen, die die Gemeinschaft nicht spalten (was die Bezeichnung »Fork« an dieser Stelle schon wieder etwas irreführend macht). Nach einem Soft Fork ist eine Kryptowährung zwar anders, es bleibt aber weiterhin nur eine Währung. Sie ist lediglich weiterentwickelt worden und bietet neue Funktionen an. Vor einem Soft Fork kann es durchaus auch zu heftigen Diskussionen in der Community kommen, aber letztlich kann man sich dann eben doch auf eine gemeinsame Lösung einigen. Ein Soft Fork ist also vielmehr eine Weiterentwicklung als eine Abspaltung, also eher eine Brücke oder Stufe als eine Gabel.

Ob Keys nun wirklich Schlüssel, Wallets Geldbeutel oder eben Forks Gabeln sind, ist am Ende natürlich nicht entscheidend. Viel spannender ist doch die Frage, was mit ihnen möglich ist und ob Kryptowährungen wirklich das Zeug dazu haben, die Welt verändern zu können. Dem wollen wir im nächsten Kapitel auf die Spur kommen.

VERÄNDERN KRYPTOWÄHRUNGEN DIE WELT?

Der Titel dieses Buches stellt die Behauptung in den Raum, dass Kryptowährungen das neue Geld werden und unsere bestehenden Währungen ersetzen könnten. Wie eingangs erwähnt weist ja selbst die Direktorin des Internationalen Währungsfonds, Christine Lagarde, darauf hin, dass Bitcoin und Co. unser heutiges Geld ablösen könnten. Auch der Präsident der Europäischen Zentralbank (EZB), Mario Draghi, bezeichnete die Blockchain-Technologie als »beeindruckend«. Die These vom neuen Geld scheint also zumindest nicht vollkommen abwegig zu sein. Ob Kryptowährungen am Ende tatsächlich unser heutiges Geld ersetzen werden, kann heute noch kein Mensch vorhersagen, aber ihr enormes Potenzial ist unbestreitbar. Was sich alles verändern könnte, das möchte ich in diesem Kapitel beschreiben.

Natürlich darf ich nicht verschweigen, dass Kryptowährungen auch schon bald wieder von der Bildfläche verschwunden sein könnten. Denn sie sind noch immer derart volatil, also schwankend in ihrem Wert, dass sie als alltägliches Zahlungsmittel eigentlich noch gar nicht zu gebrauchen sind. Stellen Sie sich einmal vor, Sie hätten im Dezember 2017 ein Gehalt von einem Bitcoin pro Monat mit Ihrem Arbeitgeber vereinbart, weil Sie umgerechnet knapp 20 000 Dollar eine phänomenale Bezahlung gefunden hätten. Nur kurze Zeit später, Anfang Februar 2018, wäre der reale Wert Ihres Gehaltes mehr als halbiert gewesen. Sicher immer noch super für ein Monatsgehalt, aber niemand wird ernsthaft behaupten wollen, dass eine solche Währung heute schon das Zeug dazu hat, unsere bestehenden Währungen zu ersetzen.

Die wohl mächtigste Veränderung, die Kryptowährungen auslösen könnten, ist die Entmachtung von Staaten und Zentralbanken in Sachen Geldpolitik. Bisher hatten Staaten und Zentralbanken die Kontrolle über nationale Währungen, was ihnen einerseits sehr viel Macht und Kontrolle gegeben hat und andererseits den Menschen Sicherheit versprach. Die Frage, die sich früher nur theoretisch, dank der neuen Kryptowährungen nun aber auch praktisch stellt: Brauchen wir heute wirklich noch Zentralbanken, die sich in zentralisierter Form um unser Geld kümmern? Können wir das nicht einfach selbst durch ein dezentrales Netzwerk wie Bitcoin? Wäre es nicht wünschenswert und vielleicht sogar besser, wenn nicht mehr Politiker, sondern die Menschen selbst die volle Kontrolle über das Geldsystem hätten? Das sind die Fragen, die Kryptowährungen ganz aktuell in Politik und (Finanz-) Wirtschaft aufwerfen.

Die Beeinflussung von Wechselkursen, das Auf- und Abwerten von nationalen Währungen – all das waren bisher wichtige Instrumente der Politik, um Volkswirtschaften zu stabilisieren. Verliert die Politik die Kontrolle über das Geldsystem, fallen all diese Möglichkeiten weg. Es würde für Regierungen auch schwieriger werden, Steuern einzutreiben und Zahlungsvorgänge nachzuvollziehen, weil sie viel weniger Einsicht in das neue Geldsystem hätten. Die mögliche geldpolitische Entmachtung von Staaten und Zentralbanken durch Kryptowährungen ist

etwas, das viele Kryptofans sehr positiv sehen beziehungsweise viele Menschen erst zu Kryptofans macht. Eine Entmachtung der herkömmlichen Institutionen und die damit verbundene Dezentralisierung des Geldsystems würden in den Augen der Kryptobefürworter nicht nur zu einem effizienteren, sondern auch zu einem faireren System führen.

So schön das Versprechen auch klingt: Ganz so einfach ist das in der Praxis nicht, denn ein solch radikaler Systemwechsel würde auch viele Herausforderungen und Probleme mit sich bringen. Zum einen wäre da die Verantwortungs- beziehungsweise Haftungsfrage. Dass Banken heute die Kontrolle über unser Geldsystem haben, bedeutet umgekehrt nämlich auch, dass sie die Verantwortung dafür tragen (wenn sie nicht gerettet werden müssen wie 2008). Grundsätzlich funktioniert es abseits von Finanzkrisen ja so: Wenn Sie Ihr Geld bei der Sparkasse liegen haben, ist die Sparkasse auch dafür verantwortlich, auf Ihr Geld aufzupassen. Weisen Sie bei der Volksbank eine Überweisung an, sichert die Volksbank Ihnen zu, diese auch korrekt auszuführen. Passieren in unserem heutigen Geldsystem Fehler, sind dafür die Banken verantwortlich und Sie als Kunde genießen einen gewissen Schutz.

Bei Kryptowährungen ist das komplett anders! Keine zentrale Institution mehr zu haben bedeutet eben auch, dass es niemanden außer Ihnen selbst gibt, der für Ihr Geld verantwortlich ist. Wird Ihr Wallet gehackt, bricht das Bitcoin-Netzwerk zusammen oder vertun Sie sich bei der Eingabe eines Public Keys, gibt es niemanden, der Sie für Ihre dadurch entstandenen Verluste entschädigen wird. Kryptowährungen bedeuten eigene Kontrolle, aber dadurch bedingt eben auch eigene Verantwortung und eigenes Risiko. Bei so einer wichtigen Sache wie Geld ist es durchaus fraglich, ob das für die breite Masse der

Gesellschaft wirklich erstrebenswert ist. Wäre das denn wirklich fairer und gerechter für alle?

Stellen Sie sich einmal vor, jede Großmutter wäre ab sofort selbst dafür verantwortlich, ihre Ersparnisse zu schützen – macht sie dabei Fehler, könnten Hacker mit wenigen Klicks die Ersparnisse ihres ganzen Lebens stehlen. Nichts gegen Großmütter natürlich, es könnte jeden treffen, der nicht über das Wissen oder die Ressourcen verfügt, sein Kryptovermögen zu schützen. Und das könnte man auch als Rückschritt oder Verlust von Errungenschaften betrachten.

Das ist noch längst nicht das einzige Problem, das es mit Kryptowährungen gibt. Hinzu kommt beispielsweise noch, dass Kryptowährungen es Reichen und Kriminellen einfacher machen können, Geld am Fiskus vorbeizuschleusen oder Schwarzgeld zu waschen. Das passiert im heutigen System natürlich auch schon lange, das neue System würde das Problem also nur verlagern, aber eben nicht beseitigen. Solange es Möglichkeiten gibt, werden sie vom Menschen nun mal zum Guten wie zum Schlechten genutzt.

Zweifelsohne sorgen Kryptowährungen auch bei Juristen für reichlich Kopfzerbrechen. Wenn sich digitale Währungen immer mehr als Zahlungsmittel etablieren, müssen auch Gesetze entsprechend angepasst werden. In Deutschland hat es beispielsweise Monate gedauert, bis sich Politik und Justiz einig waren, wie denn nun Kursgewinne von Bitcoin versteuert werden müssen. Wenn diese Entscheidung schon so lange dauert, bekommt man ein Gefühl dafür, wie kompliziert es werden könnte, Sachverhalte wie Gehaltszahlungen, Notarkaufverträge oder Versicherungen für eine Welt, in der mit Kryptowährungen gezahlt wird, juristisch sicher zu machen. Verstehen Sie mich nicht falsch: All diese Herausforderungen sind sicherlich zu lösen, aber sie zeigen eben, wie weitreichend die Folgen und Veränderungen durch eine Kryptorevolution wären. Das ist nichts, was man mal eben schnell in der Mittagspause regelt.

Eine weitere fundamentale Veränderung, die Kryptowährungen mit sich bringen, ist die Internationalisierung des Geldsystems. Kryptowährungen könnten an Nationen oder Staatengemeinschaften gebundene Währungen wie Dollar oder Euro ersetzen – stattdessen könnten theoretisch alle Menschen, alle Länder und alle Firmen, unabhängig von Staatszugehörigkeit und Standort beispielsweise mit Bitcoin bezahlen. Das wäre das Ende von Wechselkursen und hätte immense Folgen. Wechselkurse zwischen unterschiedlichen nationalen Währungen sind ein wichtiges Instrument, um Leistungsunterschiede zwischen nationalen Wirtschaften auszugleichen. Ist eine nationale Wirtschaft eher schwach, ist auch die nationale Währung eher niedrig bewertet. Ist die nationale Währung niedrig bewertet, ist sie im Vergleich zu anderen nationalen Währungen billig. Dadurch werden auch die Produkte, die das schwache Land herstellt, im internationalen Vergleich günstiger und folglich attraktiver. So kann das Land mehr exportieren, was die Wirtschaft wieder ankurbeln kann. Kurz gefasst: Der Wechselkursmechanismus klassischer Währungen gleicht die unterschiedlichen Wirtschaftsleistungen von verschiedenen Nationen in gewisser Weise aus.

In einer Welt, in der es nur noch internationale Kryptowährungen gäbe, gäbe es einen solchen Wechselkursmechanismus und dadurch auch einen Leistungsausgleich nicht mehr, zumindest nicht auf nationaler Ebene. Für wirtschaftlich schwächere Länder könnte das eine Katastrophe sein. Ein ähnliches Problem gibt es schon seit Jahren im Euroraum, wo wirtschaftlich schwächere

Länder ihre alten nationalen Währungen durch den Euro ersetzt haben. Nun haben sie Probleme, weil sie ihre schwächere Wirtschaftsleistung durch den fehlenden Wechselkurs nicht mehr so einfach ausgleichen können.

Kommen wir wieder auf die Sonnenseite der Kryptowährungen zurück: Ganz vorne auf der Liste steht, dass globale digitale Währungen wie der Bitcoin unser Leben wesentlich einfacher machen könnten. Haben Sie schon mal probiert, Geld in die USA, oder noch spannender: in ein Entwicklungsland irgendwo in Afrika zu überweisen? Das ist auch heute noch ziemlich kompliziert, dauert lange und die Transaktionsgebühren sind hoch. Digitale Kryptowährungen machen es möglich, dass Sie weltweit jedem anderen Menschen innerhalb von Sekunden Coins transferieren können, und zwar nahezu ohne Transaktionsgebühren. Genauso einfach wie Sie per WhatsApp ein Foto verschicken können, können Sie in Zukunft vielleicht auch Geld verschicken. Das wäre eine echte Revolution, denn die Wörter »grenzenlos« und »global« wären dann keine Marketingversprechen, sondern ganz real!

Für uns ist es heute selbstverständlich, dass wir ein Bankkonto, Online-Banking und eine Kreditkarte haben. Damit können wir am nationalen und internationalen Zahlungsverkehr teilnehmen, doch für viele andere Menschen, nicht nur in ärmeren Ländern, ist das unmöglich. Traurig, aber wahr: Ein großer Teil der weltweiten Bevölkerung ist bis heute abgeschnitten vom internationalen Zahlungsverkehr. Die Hürden und Kosten, ein Bankkonto zu eröffnen oder eine Kreditkarte zu beantragen, sind für Millionen von Menschen schlichtweg zu hoch, wenn es in den ärmeren Ländern denn überhaupt solche Dienstleistungen gibt. Das hat ganz praktisch zum Beispiel folgende Konsequenzen: Stellen Sie sich einmal vor,

Sie wären ein junger, innovativer Bauer irgendwo in Afrika und würden Ihre Kaffeebohnen gerne direkt selbst nach Europa verkaufen. Ohne ein Bankkonto und Online-Banking können Sie das nicht, denn Sie können keine Zahlungen von möglichen Kunden entgegennehmen oder ein Logistikunternehmen für den Versand bezahlen. Sie sind also dazu gezwungen, Ihre Bohnen weiterhin zu niedrigen Preisen an den Großhandel zu verkaufen, der dann das lukrativere Geschäft mit dem Ausland macht. Ohne (teures) Konto bleiben Sie vom Markt ausgeschlossen, und ohne Zugang zum Markt wird sich an Ihrer Situation nichts ändern.

Kryptowährungen könnten dieses Problem lösen! Denn um ein Wallet zu eröffnen und damit Zahlungen aus aller Welt entgegenzunehmen, brauchen Sie nicht mehr als ein Smartphone oder ein Laptop und einen Internetzugang. Beides ist selbst in ärmeren Ländern mittlerweile weit verbreitet. Kryptowährungen könnten es also schaffen, vielen Menschen, die dazu bisher noch keine Chance hatten, einen Zugang zum internationalen Waren- und Dienstleistungsmarkt zu eröffnen. Das klingt schon eher nach Fairness und Demokratie, es könnte im besten Falle sogar neue Wachstums- und Entwicklungsmöglichkeiten in ärmere und bisher eher isolierte Regionen und Länder bringen. Ja, Kryptowährungen könnten die Welt tatsächlich besser machen, weil die Eintrittsschwellen niedrig sind und die Teilnahme leicht gemacht wird!

Und dann wäre da noch die Programmierbarkeit von Kryptowährungen. Im Kapitel über alternative Kryptowährungen habe ich schon kurz beschrieben, was mit Ethereum oder IOTA möglich sein könnte. Viele neuere Kryptowährungen bieten umfassende Möglichkeiten zur Programmierung, womit Transaktionen automatisiert

werden könnten: Technische Geräte könnten sich dann zum Beispiel ganz ohne menschliches Zutun gegenseitig für erbrachte Leistungen bezahlen. In einer Zukunft des »Internet der Dinge« – also einer Welt, in der immer mehr Geräte wie der Butter bestellende Kühlschrank oder autonom fahrende Autos permanent mit dem Internet verbunden sind – könnte das eine große Sache werden. Schon heute nutzen viele Menschen Sprachassistenten wie Alexa oder Google Home, um Bestellungen aufzugeben. Es ist durchaus vorstellbar, dass solche Assistenten in einer Kryptozukunft völlig selbstständig Bestellungen aufgeben und bezahlen. Maschinen könnten durch Kryptowährungen zu eigenständigen wirtschaftlichen Akteuren werden – natürlich nur nach unseren Vorgaben.

Wenn es tatsächlich so kommt, dass immer mehr Zahlungen vollautomatisch im Hintergrund geschehen, könnte das unseren Umgang mit und unser Verständnis von Geld grundlegend verändern. So könnten wir uns einfach aufs »Leben« konzentrieren, wenn automatisch alles, was wir konsumieren, bezahlt und alles, was wir anbieten, entlohnt werden würde. Am Ende jedes Arbeitstages würden Sie sofort Ihren Lohn erhalten. In den Supermarkt könnten Sie einfach so reingehen, Waren mitnehmen und automatisch würde deren Wert von Ihrem Konto abgezogen werden. Keine Abos mehr! Für jede Minute, die Sie Netflix gucken, würde Ihnen ein kleiner Betrag abgebucht werden, und in dem Moment, in dem Sie sich im ICE auf den Sitz gesetzt haben, würde ganz von selbst Ihr Ticket gebucht werden. Parken Sie Ihr Elektroauto an einer Stromtankstelle, wird es automatisch aufgeladen und Ihnen für jede geladene Stromeinheit ein bestimmter Betrag abgerechnet. Wenn Sie selbst noch ein wenig weiter rumspinnen, werden Ihnen noch zahlreiche weitere Beispiele einfallen. Ich persönlich finde all diese Möglichkeiten, die sich einem dann auf einmal auftun, das eigentlich Aufregende an Kryptowährungen. Die Einschätzung vieler Experten, dass sich durch Kryptowährungen viele neue Geschäftsmodelle entwickeln könnten, die wir uns heute nicht mal vorstellen können, verwundert wenig. Es ist ein bisschen wie mit dem Smartphone und den Apps: Auch das war ein echter Türöffner für viele neue Firmen und Geschäftsmodelle, die sich erst durch die neue Technologie entwickeln konnten. Denken Sie nur an Apps wie Deliveroo, MyTaxi oder Instagram – wobei sich sicherlich streiten lässt, ob Fotos von Essen und Selfies wirklich eine Bereicherung für die Welt waren.

Die hier genannten Veränderungen sind natürlich nicht einmal annähernd vollständig. Aber ich denke, dass sie ausreichen, um anzudeuten, dass Kryptowährungen ein gigantisches Potenzial haben, mehr als »nur« unser Finanzsystem zu verändern. Womöglich wird man in ein paar Jahrzehnten zurückblicken und Kryptowährungen als die selbstverständliche Weiterentwicklung unseres heutigen Geldsystems betrachten. Schon heute ist klar, dass Trends wie das Internet der Dinge ohne derartigen technologischen Fortschritt gar nicht denkbar wären. Die Frage wird allerdings sein, ob sich unsere heutigen Währungen von Kryptowährungen abhängen lassen und ob Staaten es zulassen, dass Kryptowährungen ihnen die Kontrolle entreißen. Ob Kryptowährungen die klassischen Währungen zwangsläufig ersetzen müssen, um die Welt zu verändern, bleibt abzuwarten. Vielleicht sorgen auch schon ihre pure Existenz und der dadurch entstehende Konkurrenzkampf dafür, dass sich unser bestehendes Geld- und Finanzsystem weiterentwickelt. Wahrscheinlich werden Staaten, Zentralbanken und Banken in den kommenden Jahren immer mehr auf die Idee kommen, viele der neuen Funktionen und Innovationen von Kryptowährungen in das bestehende System zu integrieren, also eine eigene Art eigener Soft Fork zu realisieren. Der Druck zu derartigen Veränderung dürfte so schnell jedenfalls nicht geringer werden.

Grundsätzlich ist es zwar denkbar, dass eine digitale Weiterentwicklung unseres heutigen Geldes viele der Funktionen von Kryptowährungen wie Schnelligkeit, Globalität oder Programmierbarkeit adaptiert – aber es wird immer einen grundlegenden Unterschied geben: Jede Form einer Weiterentwicklung unseres heutigen Geldes wird immer ein zentralisiertes, von Staaten und Zentralbanken kontrolliertes Geld bleiben. Dezentralität und Unabhängigkeit sind momentan nur mit Kryptowährungen vorstellbar und realisierbar. Es ist wichtig, sich bei allen Gedankenspielen immer wieder klarzumachen, dass Dezentralität das entscheidende Alleinstellungsmerkmal von Kryptowährungen ist.

KANN ICH MIT KRYPTOWÄHRUNGEN REICH WERDEN?

Ja, sicherlich, das können Sie! Im Jahr 2017 ging das sogar besonders gut und schnell. Ich muss Sie allerdings warnen. Genauso schnell können Sie mit Kryptowährungen nämlich auch arm werden und Ihr Geld vernichten. Das ging zum Beispiel im Zeitraum Dezember 2017 bis Februar 2018 ganz wunderbar. Wie bereits gesagt, Kryptowährungen sind immer noch eine hoch volatile Angelegenheit, und solange das so ist, bleiben sie auch mit extrem hohen Risiken verbunden.

»Kann ich mit Kryptowährungen reich werden?« Das ist wohl die Frage, die ich zu diesem Thema am häufigsten gestellt bekomme. »Sollte ich auch ein paar Bitcoins kaufen und investieren? Ist das nicht eine ganz einfache Sache?«, so oder so ähnlich werde ich das immer wieder gefragt, von Kollegen oder von meiner Schwiegermutter, alle wollen es wissen. Schuld daran sind wohl die vielen wundersamen Geschichten von Menschen, die durch Bitcoin und Co. innerhalb kürzester Zeit ein Vermögen gemacht haben. Und es stimmt ja auch: Es gibt Menschen, die es in den vergangenen Jahren geschafft haben, mit Bitcoin Millionär oder sogar Milliardär zu werden – aber geht das noch immer?

Eigentlich sind alle Fragen, die in diese Richtung zielen, ganz großer Blödsinn. Grundsätzlich können Sie natürlich mit so ziemlich allem reich, aber eben auch arm werden. Warum nicht in den DAX oder den Dow Jones investieren? Die beiden Aktienindizes steigen seit Jahren stetig. Der Grund, warum ausgerechnet bei Kryptowährungen so viele Leute die Frage »Kann ich damit reich werden?« stellen, liegt natürlich in dem sagenhaften Kursgewinn von Bitcoin und Co. im Jahr 2017. Am 1. Januar hätten Sie damals einen Bitcoin für 856 Euro kaufen können und am 10. Dezember 2017 hätten Sie ihn für 16 800 Euro verkaufen können. Sie hätten also mit einem Investment von 856 Euro 15 944 Euro Gewinn machen können – das hätte Ihren Einsatz fast verzwanzigfacht und das in nicht einmal zwölf Monaten. Da kann die Sparkasse um die Ecke nur schwer mithalten.

Hätten Sie gleich mehrere Bitcoins gekauft oder gehebelte Wetten auf einen Kursanstieg abgeschlossen, hätten Sie im gleichen Zeitraum natürlich noch viel mehr Gewinn machen können. Ja, Sie hätten reich werden können! Hätten Sie allerdings am 10. Dezember 2017 für 16 800 Euro einen Bitcoin gekauft, weil zu dieser Zeit überall über den Boom der Währung berichtet wurde, hätten Sie diesen am 6. Februar 2018 für gerade mal noch 4683 Euro verkaufen können. Sie hätten also in nicht einmal zwei Monaten 12 117 Euro Verlust gemacht – Ihr Einsatz wäre auf etwa ein Viertel zusammengeschrumpft. Zur Verteidigung der Sparkasse muss ich jetzt wohl sagen: Auch das hätte es dort nicht gegeben!

Mit diesen Rechenbeispielen lässt sich anschaulich zeigen, wie unfassbar volatil Bitcoin, und übrigens im gleichen Maße auch alle anderen Kryptowährungen, sind. Kursschwankungen zwischen zehn und 20 Prozent pro Tag sind keine Seltenheit. Bei all dem Bitcoin-Hype kann man gar nicht oft genug auf die Risiken hinweisen.

Grundsätzlich ist das natürlich nichts Neues, sondern bei allen Investments so: Zum falschen Zeitpunkt gekauft, kann der Kurs fallen und Sie verlieren Geld. Bei Bitcoin ist das mit dem falschen Zeitpunkt allerdings besonders heikel. Denn was ist eigentlich ein gerechtfertigter Kurs für eine Kryptowährung? Was ist denn der eigentliche Wert eines Bitcoins? Bitcoin ist kein Unternehmen, das etwas produziert – Bitcoin ist auch kein Staat, der ein Wirtschafts- und Finanzsystem steuert. Der Aktienkurs eines Unternehmens lässt sich bis zu einem gewissen Grad aus dem Eigentum des Unternehmens und dem zu erwartenden Gewinn berechnen. Liefert ein Unternehmen gute Zahlen ab, steigt der Kurs – liefert es schlechte Zahlen ab, sinkt der Kurs. Bei dem Wert von klassischen Landeswährungen gibt es ebenfalls »harte« Fakten, die man zur Wertermittlung heranziehen kann. Hat das Land, das hinter der Währung steht, eine starke Wirtschaft? Gibt es dort eine hohe oder niedrige Arbeitslosigkeit? Wie steht es mit dem Verhältnis zwischen Import und Export? Aus all diesen Faktoren kann man schließlich schlussfolgern, ob beispielsweise der Euro oder der Dollar an Wert zulegen oder verlieren wird. Bei Kryptowährungen fehlt allerdings jede Art eines solchen berechenbaren Gegenwerts.

Der Kurs einer Kryptowährung wird einzig und alleine dadurch definiert, wie viele Menschen wie viel Geld in diese Kryptowährung investieren. Oder mit anderen Worten: Investieren in Kryptowährungen ist im Grunde genommen noch immer reine Spekulation, denn dadurch, dass Kryptowährungen noch immer sehr jung sind, gibt es auch noch keine stabilen und verlässlichen Preisniveaus. Verlieren die Menschen den Glauben an eine Kryptowährung, kann ihr Wert innerhalb von nur wenigen Tagen vollkommen abstürzen. Es gibt eben keinen vernünftigen und berechenbaren Wert, bei dem man sagen könnte: »Jetzt ist aber mal Schluss mit Kursrutsch!«

Kursbewegungen bei Kryptowährungen folgen oft dem sogenannten »Pump and Dump«-Mechanismus. Das bedeutet, es gibt immer wieder Phasen, in denen Kryptowährungen stark ansteigen, was dann noch mehr Leute anlockt, die Teil dieser Rallye sein wollen. Das feuert die Kurse noch weiter an beziehungsweise »pumpt« sie auf, und so entstehen dann extreme Kursbewegungen nach oben. Irgendwann ist dann aber ein Kursniveau erreicht, an dem viele Menschen denken: »Jetzt ist der Kurs so hoch gestiegen, viel höher wird es wohl nicht mehr gehen – ich verkaufe lieber meine Coins und streiche den Gewinn ein!« Wenn sich genügend Menschen zum Verkauf entschließen, sinkt der Kurs der Kryptowährungen wieder. Das führt dazu, dass immer mehr Leute Angst und Panik bekommen, dass der Kurs noch weiter fallen könnte. »Ich verkaufe lieber schnell meine Kryptowährungen, bevor die Kurse noch weiter fallen – noch habe ich ja einen Kursgewinn!« So entsteht eine extrem schnelle Kursbewegung nach unten, in Richtung Müllabladeplatz (dump). Solche extrem schnellen Auf-und-ab-Phasen wechseln sich bei Kryptowährungen immer wieder ab.

Dazu kommt noch ein weiteres Problem: Selbst wenn man daran glaubt, dass Kryptowährungen die Zukunft sind und dass die Kurse weiter steigen, gibt einem das noch längst keine Antwort auf die Frage, welche Kryptowährung sich denn nun am Ende durchsetzt. Stand heute gibt es mehr als 4000 verschiedene Kryptowährungen, und vielleicht wird sich eine Handvoll davon am Ende durchsetzen – ja vielleicht wird sogar nur eine davon irgendwann die neue Welt-Leitwährung werden. Ein großer Teil der Kryptowährungen aber wird seinen

Wert vermutlich vollkommen verlieren und in die Irrelevanz verschwinden, dafür sind es ja schon heute viel zu viele. Woher sollte man nun aber wissen, welche Kryptowährung sich vielleicht durchsetzen wird – wenn überhaupt? Auf welches Pferd sollten Sie setzen? Die Wahrscheinlichkeit, dass Sie die falsche Kryptowährung für Ihr Investment erwischen und am Ende trotz Kryptoboom Geld verlieren, ist relativ hoch. Stellen Sie sich mal vor, Sie hätten vor vielen Jahren an den großen Trend »soziale Netzwerke« geglaubt. Wie klug von Ihnen, Sie hätten reich werden können! Tja, aber wenn Sie nicht in Facebook, sondern in MySpace oder SchülerVZ investiert hätten, hätten Sie nichts gewonnen, sondern Ihr Geld verloren.

Also, kann man mit Kryptowährungen doch nicht reich werden? Doch, kann man natürlich, und auch in Zukunft werden sicherlich noch mehr Menschen zu Multimillionären und Milliardären dank Kryptowährungen werden. Aber man kann eben nicht pauschal sagen, dass ein Investment in Kryptowährungen Sie grundsätzlich reich machen wird, nicht einmal bei der derzeitig größten Währung Bitcoin. Ganz persönlich sehe ich das so: Zunächst sollte man sich gründlich zum Thema Kryptowährungen informieren, dieses Buch kann dafür nur ein Anfang sein. Wenn man dann für sich zu dem Entschluss kommt, dass Kryptowährungen tatsächlich die Zukunft sind und eines Tages unsere bestehenden Währungen ablösen oder zumindest großflächig ergänzen könnten, kann man sich tatsächlich überlegen, ob man nicht etwas Geld in Kryptowährungen investieren möchte. Dafür sollte man sich dann aber in einem zweiten Schritt zunächst gründlich mit den verschiedenen Kryptowährungen beschäftigen und sich ganz genau überlegen, in welche davon man investieren möchte – und über welchen

Zeitraum. Sie sollten sich darauf einstellen, dass der Kurs stark schwanken wird und dass er zwischendurch auch immer mal wieder einbrechen wird. Sie sollten also dazu bereit sein, im schlimmsten Falle Ihr komplettes Investment zu verlieren. Als der Bitcoin im Dezember 2017 alle Rekorde brach, gab es viele Menschen, die fast ihr komplettes Erspartes in Bitcoin investiert haben, nur um es anschließend innerhalb von wenigen Wochen restlos zu verlieren. Ich kann es nicht oft genug sagen: Wenn Sie in etwas derart Spekulatives wie Kryptowährungen investieren möchten, sollten Sie dazu bereit sein, Ihren kompletten Einsatz zu verlieren. Deshalb sollten Sie auch nur Geld investieren, das Sie nicht unbedingt zum Leben oder als Rücklage benötigen. Ein Investment in Kryptowährungen ist noch weit spekulativer und damit auch gefährlicher als ein Investment in Aktien oder Fonds. Und auch da ist ein Totalverlust möglich.

Wenn Sie sich dazu entscheiden sollten, in Kryptowährungen zu investieren, gibt es unterschiedliche Wege, wie Sie das tun können. Der einfachste Weg ist, einfach diejenigen Coins zu kaufen, von denen Sie glauben, dass ihr Kurs in Zukunft steigen wird. Das können Sie bei vielen Krypto-Handelsplattformen wie beispielsweise Coinbase tun. Steigt der Kurs dann tatsächlich, können Sie Ihre Coins später wieder gewinnbringend verkaufen. Dabei sollten Sie allerdings unbedingt darauf achten, dass Ihr Wallet anständig gesichert ist und nicht gehackt werden kann. Ansonsten sind Ihre Coins nämlich einfach weg (siehe Kapitel »Wie zahlt man mit Kryptowährungen?«). Langfristige Investments in Kryptowährungen sichern Sie zum Beispiel in mehreren Paper Wallets, die Sie an verschiedenen Orten verstecken. Neulich entdeckte ich bei einem meiner besten Freunde ein Paper Wallet in der Mittelkonsole seines Autos. Nicht so clever! Hätte ich gewollt, hätte ich das Wallet mit wenigen Mausklicks leer-räumen können. Sie erinnern sich: Bei einem Paper Wallet reicht es aus, sich die Private Keys, die darauf stehen, abzuschreiben oder zu fotografieren und sie anschließend in einem eigenen Wallet einzutippen – schon kann man über die Coins verfügen.

Ein anderer Weg, in Kryptowährungen zu investieren, ist der Handel mit Optionsscheinen auf Kryptowährungen. Das sind letztlich nichts anderes als Wetten, die Sie auf den Verlauf des Kryptokurses abschließen können. Entscheiden Sie sich für diese Variante, kaufen Sie also gar nicht wirklich Kryptocoins, Sie schließen nur Wetten auf ihren Kursverlauf ab. Wenn es Ihnen nur darum geht, Profit zu machen und Sie nicht unbedingt wirklich Kryptocoins besitzen möchten, um sie als Zahlungsmittel zu benutzen, ist das eine schnelle, einfache und effektive Möglichkeit, in Kryptowährungen zu investieren. Beachten Sie beim Handel mit solchen Optionsscheinen aber unbedingt, dass die meisten dieser Wetten Ihren einge-setzten Geldbetrag »hebeln«, was die Volatilität von Kryptowährungen zusätzlich steigert (siehe Kapitel »Wo-her bekomme ich Kryptocoins?«). Sie erinnern sich: Bei einer zwanzigfach gehebelten Wette bedeutet ein Euro Kursgewinn 20 Euro Gewinn und ein Euro Kursverlust bedeutet 20 Euro Verlust. Mit Optionsscheinen können Sie innerhalb von kürzester Zeit selbst bei kleineren Kursbewegungen extrem viel Geld gewinnen oder ver-lieren.

Der andere, wesentlich kompliziertere Weg, in Kryp-towährungen zu investieren, ist das Mining. Entweder Sie investieren Zeit und Geld, um sich selbst einen Mining-Computer aufzubauen (was sich in Deutschland allerdings wegen der relativ hohen Strompreise bei den meisten Kryptowährungen kaum noch lohnt), oder Sie investieren in einen Cloud-Mining-Dienst, der für Sie Coins in einem Land mit niedrigeren Strompreisen schürft (siehe Kapitel »Woher bekomme ich Kryptocoins?«). Der Nachteil am Mining ist, dass dieses Investment wesentlich langfristiger und weniger flexibel ist als das einfache Handeln mit den Coins selbst. Haben Sie erst einmal viel Geld für einen Mining-Computer oder einen Cloud-Mining-Vertrag ausgegeben, sind Sie auch für eine längere Zeit daran gebunden. Schließlich müssen Sie Ihr Einstiegsinvestment wieder herausbekommen. Eine beliebte Mining-Hardware ist beispielsweise der sogenannte Antminer. Der kostet sie im Moment circa 5000 Euro. Bei gleichbleibenden Kursen braucht ein solcher Antminer mehrere Jahre, um die Menge Coins zu schürfen, die seinem ursprünglichen Kaufpreis entspricht. Rechnet man die Stromkosten noch mit ein, dauert es entsprechend länger. Der Vorteil von Mining ist allerdings, dass Sie selbst bei gleichbleibenden Kursen Profit machen können. Haben Sie einen Mining-Computer erst einmal gekauft und eingerichtet, kann dieser für lange Zeit Kryptocoins schürfen und Ihnen dadurch ein stetiges Einkommen generieren. Hat der Miner seine Anschaffungskosten reingeholt, ist das eine sichere Einkommensquelle, solange die Coins die Betriebskosten wertmäßig übersteigen.

Im Grunde genommen ist das vergleichbar mit der Investition in Immobilien. Wenn Sie eine Immobilie kaufen, können Sie damit auf zwei Arten Geld verdienen: Zum einen bekommen Sie monatlich eine bestimmte Miete, zum anderen kann es sein, dass Ihre Immobilie an Wert gewinnt und Sie sie später gewinnbringend wiederverkaufen können. Den zweiten Gewinn, den Spekulationsgewinn, gibt es bei jeder Art von Krypto-Investment, sofern die Kurse steigen. Den ersten Gewinn, die regelmäßige Miete, gibt es nur, wenn Sie sich eigene Mining-Hardware zulegen.

Falls Sie sich nun fragen sollten, ob Sie Spekulationsgewinne, die Sie durch Bitcoin erzielt haben, versteuern müssen, täuscht Sie Ihr Gefühl nicht: Ja, das müssen Sie! Zumindest dann, wenn Sie innerhalb von einem Jahr entstanden sind. Der deutsche Staat hat es bisher kaum geschafft, den Kryptomarkt zu regulieren oder sinnvolle Regeln dafür aufzustellen – mit einer Ausnahme: Schnell hat man sich darauf geeinigt, dass Spekulationsgewinne mit Kryptowährungen versteuert werden müssen.

Viele verbrennen sich an dieser Stelle die Finger, weil sie glauben, dass Kryptowährungen anonym seien und deshalb sowieso niemand die Spekulationsgewinne nachvollziehen könnte. Dem ist nicht so! Alle seriösen Plattformen, auf denen Sie Kryptowährungen gegen klassische Währungen tauschen können – was Sie zwangsläufig irgendwann müssen, wenn Sie Kryptowährungen wieder gegen herkömmliches Geld eintauschen wollen –, speichern bei einer Transaktion Ihre persönlichen Daten wie Name und Anschrift. Weil man bei vielen Kryptowährungen entgegen der landläufigen Vermutung Transaktionen sehr wohl nachvollziehen kann, kann der Staat (zumindest theoretisch) auch herausfinden, wer wann wie viele Coins gekauft oder verkauft hat. Spekulationsgewinne mit Optionsscheinen sind noch einfacher nachzuvollziehen, weil die Anbieter genau abspeichern müssen, wann wer was gehandelt hat – für die Einkommensteuer beim Finanzamt.

Schwierig wird es für Staaten mit der Steuer allerdings derzeit noch, wenn Sie Ihre Kryptowährungen nie gegen klassisches Geld eintauschen. Wenn Sie also beispielsweise still und leise Coins minen und diese auf Ihr Wallet überweisen, um dann anschließend mit diesen Coins im Internet zu shoppen, ist das für die Finanzbehörden noch nicht nachvollziehbar. Insbesondere vollständig verschlüsselte Kryptowährungen, bei denen Transaktionen in der Blockchain nicht nachvollziehbar sind, stellen ein großes Problem für Staaten dar. Viele Politiker haben deshalb schon angekündigt, dass sie in den kommenden Jahren Regeln aufstellen wollen, um dieses Problem zu lösen.

SIND KRYPTOWÄHRUNGEN NUR EINE SPEKULATIONSBLASE?

Auch das ist eine herrliche Dauerbrennerfrage, auf die es wohl erst in ein paar Jahren mit Sicherheit eine Antwort geben wird. Heute gehen die Spekulationen weit auseinander, je nachdem, wen man gerade fragt.

Neulich unterhielt ich mich mit einem Freund, der sich mit einem Krypto-Investment die Finger verbrannt und mehrere Tausend Euro verloren hat. Seine Antwort: »Diese dämlichen Kryptowährungen! Alles Betrug! Die Blase ist geplatzt, das war ja klar, alles nur Unsinn!« Ein anderer Freund investiert bereits seit Jahren in Mining, und seine Antwort auf diese Frage klang schon ganz anders: »Dass Bitcoin jetzt innerhalb von ein paar Wochen mehr als die Hälfte des Wertes verloren hat, ist nicht so schlimm. Der Kurs ist ja auf lange Sicht immer noch genug gestiegen. Das ist eine ganz normale Korrektur!« Man könnte auch einfach zusammenfassen: Ich male mir die Welt, wie sie mir gefällt! Jeder beantwortet die Frage nach der Kryptoblase eben aus seiner Perspektive. Letztlich ist es eine Art Glaubensfrage, eine objektive Antwort gibt es meiner Meinung nach nicht. Dennoch lohnt sich eine Analyse der unterschiedlichen subjektiven Antworten, die ist nämlich nicht nur recht aufschlussreich, sondern auch unterhaltsam.

Ich habe mich auf die Suche nach vertrauenswürdigen Prognosen gemacht und mich gefragt: Wen könnte man denn um eine möglichst objektive Einschätzung bitten? Vielleicht Börsenexperten? Fragt man die, ziehen sie zur Beantwortung dieser Spekulationsblasenfrage immer wieder gerne die Tulpenmanie als historisches Beispiel heran. In den 1630er-Jahren stiegen in den Niederlanden die Preise für Tulpenzwiebeln auf ein extrem hohes Niveau, nur um nach kurzer Zeit wieder abrupt einzubrechen. Wenn nicht der Tulpenvergleich gezogen wird, kommt meistens die Dotcom-Blase ins Spiel. Anfang des Jahres 2000 brachen plötzlich die Aktienkurse vieler Internetunternehmen ein – innerhalb kürzester Zeit verloren damals sehr viele Investoren extrem viel Geld. Über Monate und Jahre hinweg galten Investments in Internet-Start-ups als das große Ding! Alle dachten, dass diese Unternehmen durch die Decke gehen würden, was die Börsenkurse zunächst auch taten – doch dann kam das böse Erwachen. Blüht den Kryptowährungen das gleiche Schicksal?

Während der Dotcom-Vergleich in der Tat Parallelen aufweist, muss man beim Tulpen-Vergleich vorsichtig sein. Beginnen wir mit dem Dotcom-Vergleich. Zweifelsohne war das Platzen dieser Spekulationsblase das Ende des Höhenfluges für viele Internettitel am Aktienmarkt. Ja, für viele Unternehmen war es sogar das komplette Aus! Gleichzeitig kamen aber die heute gigantischen Internetplayer wie Facebook, Google oder Amazon erst nach der Dotcom-Blase so richtig groß heraus. Im Vergleich zu damals schweben deren Börsenkurse heute in astronomischen Höhen, ohne dass jemand noch ernsthaft nichts als heiße Luft dahinter vermuten könnte. Das Platzen der Dotcom-Blase war also keineswegs das Ende aller Internet- und Tech-Unternehmen. Im Gegenteil, für viele ging es danach erst los! Das Platzen der Dotcom-Blase war vielmehr ein »Aussieben« derjenigen Unternehmen, die schlicht und ergreifend an der Börse zu hoch bewertet waren. In einer Art Rausch hatten damals nämlich viele Investoren nicht nur in vielversprechende, sondern in so ziemlich alle Internet- und Tech-Unternehmen investiert. Versteht man den Dotcom-Vergleich auf diese Art und Weise, teile ich die Einschätzung der Börsenexperten, dass Kryptowährungen das Gleiche passieren könnte.

Im Jahr 2017 haben sehr viele kleine und unbekannte Kryptowährungen extreme Kurssteigerungen hingelegt. Und das nicht unbedingt, weil sie so vielversprechend wären, sondern ganz einfach, weil sie im Windschatten von Bitcoin, Ethereum und Co. mitgezogen wurden. In der simplen Hoffnung auf schnelle und einfache Spekulationsgewinne haben viele Menschen völlig blind in alles investiert, was irgendwie nach Kryptowährung aussah. Ich halte es für mehr als wahrscheinlich, dass es hier eines Tages ein böses Erwachen für unbedarfte oder riskante Investoren geben wird. Für Hunderte oder gar Tausende von Kryptowährungen gleichzeitig auf unserer Welt gibt es einfach keinen nachvollziehbaren Bedarf. Es werden sich vermutlich einige wenige durchsetzen und stark an Wert und Bedeutung gewinnen, während alle anderen Kryptowährungen ihren Wert wieder verlieren werden – genauso wie die vielen »überflüssigen« Internet-Start-ups beim Platzen der Dotcom-Blase.

Der Vergleich mit der Tulpenmanie hinkt dagegen, und zwar aus einem simplen Grund: Tulpenzwiebeln gibt es quasi unendlich viele, während beispielsweise Bitcoins auf eine maximale Menge von 21 Millionen begrenzt sind. Kryptowährungen wie Bitcoin haben eine vorhersehbare Produktionsrate, eine begrenzte maximale Menge und eine Fälschungssicherheit, wodurch sich ihre Werthaftigkeit grundlegend von der von Tulpenzwiebeln unterscheidet. Nur weil etwas innerhalb von kürzester Zeit extrem an Wert gewinnt, ist es eben noch lange nicht miteinander vergleichbar. Ich persönlich halte den Tulpen-Vergleich im Gegensatz zum Dotcom-Vergleich für völlig haltlos und reine Panikmache von Hardcore-Kryptogegnern, die Kryptowährungen jede Art von Wert absprechen wollen. Aber Kryptowährungen haben, wie wir gesehen haben, definitiv das Potenzial, die Welt zu verändern. Nichts gegen Blumen – aber glauben Sie, dass Tulpen auch das Zeug dazu haben, eine bessere Welt zu erschaffen?

Bei Kryptowährungen gibt es ein ganz anderes Problem, das dazu führt, dass die Kurse so blitzartig einbrechen können. Wie ich bereits im vorangehenden Kapitel erläutert habe: Den Wert einer Aktie kann man bis zu einem gewissen Grad berechnen, weil man den substanziellen Wert des Unternehmens, seinen historischen sowie den für die Zukunft prognostizierten Gewinn mehr oder weniger genau kennt. Der Wert einer nationalen Währung wie Euro oder Dollar wird bis zu einem gewissen Grad durch die Wirtschaftsleistung der entsprechenden Volkswirtschaft festgelegt. Bei Kryptowährungen aber fehlen solche messbaren Parameter. Der Wert einer Kryptowährung wird einzig und allein durch Angebot und Nachfrage festgelegt. Wenn die Menschen daran glauben, dass eine Kryptowährung gut ist und dass ihr Kurs steigt, dann werden sie die Kryptowährung kaufen und der Kurs wird noch weiter steigen – eine Art sich selbst erfüllende Prophezeiung. Andersherum ist es genauso. Fällt der Kurs einer Kryptowährung, bekommen plötzlich alle Panik und fürchten, dass der Kurs noch weiter fallen könnte. Deshalb verkaufen sie ihre Coins, was den Kurs noch weiter zum Einstürzen bringt und die Dynamik immer weiter steigert. Dadurch, dass jede Form von rational berechenbarem Gegenwert fehlt, gibt es keine vorhersagbaren Kursgrenzen, an denen die Auf- und-ab-Bewegungen stoppen würden. Das führt dazu, dass Kursschwankungen bei Kryptowährungen so extrem sein können.

Starke Abwärtsbewegungen beispielsweise stoppten im Jahr 2017 oft erst dann, wenn die Kryptowährung mehr als die Hälfte ihres Wertes verloren hatte. Irgendwann dachten die Leute sich dann: »Das kann doch jetzt langsam nicht mehr weiter fallen! Ich kaufe jetzt lieber mal ein paar neue Coins, jetzt wo sie gerade so günstig sind!« Dadurch fing der Kurs plötzlich wieder zu steigen an, und diese Bewegung beschleunigte sich auch schnell wieder. Oft hatte die jeweilige Kryptowährung dann nur wenige Tage nach einem Tiefpunkt ihren vorherigen Höchstwert übertroffen. Ein klares Zeichen für den spekulativen Charakter vieler Kryptowährungen beziehungsweise vieler Investoren.

Ob sich durch die immer wiederkehrenden Auf-und-ab-Bewegungen irgendwann eine Art mittlerer Kurs einstellen wird, ist selbst bei Bitcoin noch nicht absehbar. Wie bei einem schwingenden Pendel könnten die Ausschläge der Kryptokurse mit der Zeit immer geringer werden und so eine Art natürlichen Wert bilden. Realistischerweise muss man solche Hoffnungen im Moment aber noch stark bezweifeln.

Was ist nun also das Fazit des Ganzen? Viele Experten glauben, dass wir es mit einer Blase zu tun haben und dass diese Blase irgendwann platzen wird. Für viele der aktuellen Kryptowährungen würde das wohl einen endgültigen Crash und vollkommenen Wertverlust bedeuten. Ja, es sind Übertreibungen im Markt, überhöhte Hoffnungen und überbewertete Währungen. Sicherlich gab es in den vergangenen Jahren einen extremen Hype und Boom um Bitcoin, in dessen Windschatten die gesamte Kryptowelt über ein vernünftiges Maß hinaus an Wert gewonnen hat. Vermutlich werden viele dieser Coins auch früher oder später wieder verschwinden – das alles bedeutet aber eben nicht, dass es sich bei Kryptowährungen generell um eine Spekulationsblase handeln muss. Dafür ist die Idee dahinter viel zu robust. Und es wird immer Menschen geben, die sich dafür begeistern können.

Innerhalb der Kryptowelt gibt es übrigens eine herrlich selbstironische Einstellung zum Thema »Spekulationsblase«. Wenn Sie sich mit Bitcoin beschäftigen, werden Sie beispielsweise immer wieder über die Redewendung »to the moon!« stolpern. Bitcoin-Unterstützer sehen den Kurs der Kryptowährung also bis zum Mond schießen. Jedes Mal, wenn der Kurs mal wieder schneller steigt, ist Twitter voll mit »take it to the moon! #bitcoin«-Tweets. Fällt der Kurs dagegen, werden Sie oft »Hodl!« lesen und sich verblüfft fragen, ob Bitcoin-Fans nicht vernünftig tippen können.

Ich kann Sie beruhigen: So ist es nicht! »Hodl« ist über die Jahre zu einem Running Gag in der Bitcoin-Welt geworden. Angefangen hat das alles so: Im Jahr 2013 brach der Kurs der Kryptowährung wieder mal ein, und in einem Bitcoin-Forum eröffnete ein User namens »GameKyuubi« einen Beitrag mit dem Titel »I AM HODLING«, in dem er seinen ganzen Frust rausließ. Er teilte allen mit, dass seine Freundin ihn alleine zu Hause sitzen gelassen hätte, um eine »Lesbenbar« zu besuchen, und er nun vor seinem Computer sitzen und dem Bitcoin-Kurs beim Fallen zuschauen würde, während er ein Glas Whiskey trinke. Das erklärt wohl auch den legendären Buchstabendreher in der Überschrift. Anschließend beschrieb er in Großbuchstaben, dass er ein schlechter Bitcoin-Investor sei, weil er nicht so wie die guten Investoren die »pit pat piffy wing wong wang«-mathematischen Formeln beherrschte, um zu erkennen, wann er kaufen und wann er verkaufen soll. Es folgte ein mehrzeiliger Wutausbruch mit dem Endresultat, dass er seine Bitcoins trotz Kurseinbruch nicht verkaufen, sondern behalten (»hold«) wird. Es sei ihm doch egal, was mit dem Kurs passiere, er glaube weiter an die Zukunft der Kryptowährung! Außerdem würde er sich jetzt noch ein Glas Whiskey einschenken. »I AM HODLING« wurde mittlerweile fast eine Million Mal angeschaut, und es gibt unzählige HODL-Memes im Internet. Wann auch immer der Bitcoin-Kurs in kurzer Zeit stark einbricht, ist Twitter voll mit Nutzern, die in Anlehnung an den Forumsbeitrag Dinge posten wie »Just hodl!« oder »Fuck it, I am HODLING!«. Um das Thema Spekulationsblase gebührend abzuschließen, kommt hier der legendäre HODL-Forumsbeitrag im Original:

I AM HODLING
I type d that tyitle twice because I knew it was wrong the first time. Still wrong. w/e. GF's out at a lesbian bar, BTC crashing WHY AM I HOLDING? I'LL TELL YOU WHY. It's because I'm a bad trader and I KNOW I'M A BAD TRADER. Yeah you good traders can spot the highs and the lows pit pat piffy wing wong wang just like that and make a millino bucks sure no problem bro. Likewise the weak hands are like OH NO IT'S GOING DOWN I'M GONNA SELL he he he and then they're like OH GOD MY ASSHOLE when the SMART traders who KNOW WHAT THE FUCK THEY'RE DOING buy back in but you know what? I'm not part of that group. When the traders buy back in I'm already part of the market capital

so GUESS WHO YOU'RE CHEATING day traders NOT ME~! Those taunt threads saying »OHH YOU SHOULD HAVE SOLD« YEAH NO SHIT. NO SHIT I SHOULD HAVE SOLD. I SHOULD HAVE SOLD MOMENTS BEFORE EVERY SELL AND BOUGHT MOMENTS BEFORE EVERY BUY BUT YOU KNOW WHAT NOT EVERYBODY IS AS COOL AS YOU. You only sell in a bear market if you are a good day trader or an illusioned noob. The people inbetween hold. In a zero-sum game such as this, traders can only take your money if you sell.

so i've had some whiskey
actually on the bottle it's spelled whisky

Quelle: bitcointalk.org/

IST DAS NICHT ALLES ILLEGAL?

Immer wieder werden Kryptowährungen mit dem Dark-net, Drogenkauf, Geldwäsche und anderen dubiosen Machenschaften in Verbindung gebracht. »Der Bitcoin ist doch sowieso nur was für Kriminelle und Hacker im Internet!«, habe ich schon oft genug gehört. Das ist natürlich Unfug! Kryptowährungen sind weder illegal, noch werden sie nur von Hackern und Drogenverkäufern benutzt. Trotzdem kann man nicht abstreiten, dass Kryp-towährungen zum Teil ihre Wurzeln im Darknet haben und dass sie auch bis heute durch ihre Anonymität Tür und Tor für illegale Machenschaften öffnen. Zwar nutzen Kriminelle in gleicher Art und Weise Bargeld, Gold oder Schmuck, um Geld zu waschen oder dubiose Transaktio-nen durchzuführen, trotzdem ist eine kurze Einführung in die dunkle Seite der Kryptowährungen durchaus erhel-lend.

Im Dezember 2013 ging AlphaBay im Darknet online. Das Besondere am Darknet ist, dass dort niemand Ihre IP-Adresse nachvollziehen kann. Sie surfen also vollkom-men anonym und können tun und lassen, was Sie wol-len – man könnte auch sagen: Das Darknet ist ein rechts-freier Raum. Deshalb können dort auch Marktplätze wie AlphaBay entstehen. Bei AlphaBay konnten Sie alles kau-fen, was es bei eBay nicht gab, weil es eigentlich verboten war: Waffen, Drogen, Kinderpornografie – die wildesten Dinge wurden hier wie in einem ganz normalen Online-Shop zum Kauf angeboten. Aber es gab da schnell ein Problem, denn was nutzt eine anonyme Darknet-Verbindung zu einem versteckten Online-Shop, wenn ich anschließend die Bezahlung via Banküberweisung oder Kreditkarte durchführen muss? Das machte den Handel im Grunde nur noch zur Hälfte anonym. Um dieses Problem zu lösen, führte AlphaBay Bitcoin als Zahlungsmittel ein.

Zwar können Bitcoin-Transaktionen theoretisch auch nachvollzogen werden – vor allem dann, wenn man sich etwas blöd anstellt –, aber es ist dennoch deutlich anonymer und damit für illegale Geschäfte »sicherer« als eine gewöhnliche Transaktion. So kam es, dass Bitcoin innerhalb kürzester Zeit das beliebteste Zahlungsmittel von Leuten wurde, die verbotene Dinge im Internet bestellen wollten, und das ging verständlicherweise nicht spurlos am Image der Kryptowährung vorbei. Viele Leute setzten nun Bitcoin mit Drogen, Waffen oder Kinderpornos gleich. Es wurden sogar Gründer und Manager von Bitcoin-Tauschbörsen verurteilt, weil sie kriminelle Machenschaften unterstützen würden. Das ist ein bisschen so, als würde man den Sparkassen-Filialleiter verurteilen, weil mit Bargeld aus seiner Filiale Waffen oder Drogen am Hauptbahnhof gekauft wurden. Trotzdem kann man nicht abstreiten, dass Bitcoin damals von dem florierenden Handel bei AlphaBay profitierte, denn das steigerte die Nachfrage an der Kryptowährung enorm.

Heute ist das alles Geschichte. Im Juli 2017 wurde AlphaBay dichtgemacht, und die Zeiten, in denen ein großer Teil der Bitcoin-Transaktionen etwas mit Drogen und Waffen zu tun hatte, sind auch vorbei. Bitcoin und Bitcoin-Optionsscheine werden heute an hochoffiziellen

Börsen und Handelsplätzen gehandelt, und es gibt immer mehr absolut seriöse Online-Händler, bei denen man mit der Kryptowährung bezahlen kann. Immer mehr verdichten sich die Gerüchte, dass sogar Amazon in naher Zukunft Bitcoin als Zahlungsmittel einführen könnte, obwohl sich der Internetriese lange dagegen gesträubt hatte. Außerdem müssen Bitcoin-Tauschplattformen mittlerweile strenge staatliche Auflagen erfüllen, sie müssen persönliche Daten der Nutzer speichern und verdächtige Transaktionen an die Behörden melden. Bei Kryptowährungen wie Bitcoin, die eben nicht vollständig anonym, sondern sehr wohl nachvollziehbar sind, können staatliche Behörden deshalb heute einfacher denn je Transaktionen selbst Jahre später noch rekonstruieren. Die Zeiten, in denen jeder Laie mit Bitcoin vollständig anonyme Transaktionen machen konnte, gehören heute ins Reich der Mythen und Märchen.

Doch auch wenn Bitcoin heute salonfähig geworden ist, kann die Kryptoszene nicht leugnen, dass Kryptowährungen noch immer genutzt werden, um illegale Geschäfte im Darknet abzuwickeln. Das liegt schlicht und ergreifend in der Natur der Sache. Denn Kryptocoins sind, genau wie Bargeld in der echten Welt, eben das perfekte Werkzeug, um digitale Zahlungen möglichst anonym durchzuführen. Ein Drogendealer nutzt auch sein Smartphone und WhatsApp, um seine Geschäfte zu koordinieren – trotzdem würde wohl niemand auf die Idee kommen, Smartphones per se als kriminell oder gefährlich zu bezeichnen. So ähnlich ist es eben auch mit Kryptowährungen. Letztlich sind Kryptowährungen nicht mehr und nicht weniger als eine neue Technologie, und es liegt an den Menschen, selbst zu entscheiden, wofür sie sie benutzen.

WARUM IST BITCOIN EINE UMWELTSAUEREI?

Ende 2017 gab es immer wieder Schlagzeilen, dass Bitcoin und andere Kryptowährungen eine Umweltkatastrophe seien. Aber was bitte schön haben digitale Währungen mit der Umwelt zu tun? Ich werde es Ihnen erklären, denn in der Tat ist die Umwelt- und damit die Effizienzfrage momentan eines der großen Probleme von Kryptowährungen.

Wie ich an mehreren Stellen bereits erklärt habe, werden neue Kryptocoins von Hochleistungsrechnern geschürft, die durch diesen Prozess gleichzeitig das Fortbestehen der Blockchain sicherstellen. All diese Computer, die den lieben langen Tag fleißig Coins schürfen, verbrauchen dabei jede Menge Strom. Da Kryptowährungen dezentral organisiert sind, kann man den gesamten Stromverbrauch nur sehr grob abschätzen, schließlich gibt es keinen einzelnen Server, dessen Stromverbrauch man einfach ablesen könnte. Forscher haben errechnet, dass alleine das Bitcoin-Netzwerk jährlich etwa mindestens 14 Terrawattstunden Strom verbraucht. Falls Ihnen diese Zahl genauso wenig sagt wie mir, hier eine kurze Einordnung: Das ist mehr als die gesamte Stadt Berlin mit ihren 3,5 Millionen Einwohnern pro Jahr an Strom verbraucht, oder anders formuliert: Das Atomkraftwerk in Biblis müsste mehr als fünf Jahre laufen, um diesen

Strombedarf zu decken. Und das sind nur Momentaufnahmen, der Stromverbrauch wird rasant steigen, vor allem wenn die technische Weiterentwicklung der Chips stagnieren sollte.

Der hohe Strombedarf des Bitcoin-Netzwerks bedeutet gleichzeitig eine enorme Produktion des klimaschädlichen Kohlendioxids (CO_2). Wissenschaftler haben ausgerechnet, dass das gesamte Bitcoin-Netzwerk durch seinen Stromverbrauch mindestens etwa 7,6 Millionen Tonnen CO_2 pro Jahr in die Atmosphäre pustet. Man geht im Moment davon aus, dass jeder Mensch durch sein Konsumverhalten durchschnittlich etwa elf Tonnen CO_2 pro Jahr verbraucht – das Bitcoin-Netzwerk produziert pro Jahr also in etwa so viel CO_2 wie knapp 700 000 Menschen.

Wenn man sich diese Zahlen ansieht, stellt man fest, dass der Stromverbrauch des Bitcoin-Netzwerks zwar erschreckend, aber gleichzeitig auch nicht ganz so dramatisch ist wie oft in den Nachrichten dargestellt. Wenn man überlegt, dass Deutschland 802 Millionen Tonnen CO_2 pro Jahr in die Luft pustet, erscheinen die knapp acht Millionen Tonnen CO_2 des Bitcoin-Netzwerks plötzlich nicht mehr ganz so dramatisch. Auch der Weltkonzern Google verbraucht jedes Jahr mehr Strom als die meisten Großstädte Deutschlands und pustet ebenso viel CO_2 in die Luft.

Damit will ich das Problem allerdings keinesfalls kleinreden. Das Problem besteht nämlich darin, dass wir immer noch am Anfang der Entwicklung stehen: Wäre Bitcoin heute schon ein weltweites Zahlungssystem, das jeden Tag von Milliarden Menschen genutzt werden könnte, wäre der aktuelle Stromverbrauch dafür vermutlich angemessen. Wenn man aber bedenkt, dass Bitcoin bisher noch immer ein Nischenprodukt und vor allem ein

Spekulationsobjekt ist, erscheint der dafür notwendige Strom- und CO_2-Verbrauch gelinde gesagt in einem kritischen Verhältnis zum gesellschaftlichen Nutzen zu stehen. Wenn man sich überlegt, dass der Strom- und CO_2-Verbrauch weiter steigen wird, wenn Bitcoin populärer wird, und wenn man die alternativen Kryptocoins – die durch ihre Schürfprozesse ja ebenfalls Strom verbrauchen – dazurechnet, wird sehr schnell ein handfestes Umweltproblem daraus. Zumal der Strom ausgerechnet dort, wo er noch relativ günstig ist, oft besonders dreckig ist, weil er mit Kohlekraftwerken erzeugt wird.

Der extreme Stromverbrauch des Bitcoin-Netzwerks zeigt ein generelles Problem von vielen Kryptowährungen, und zwar das Problem des sogenannten *Proof-of-Work*-Verfahrens. Sie wissen ja: Kryptowährungen wie Bitcoin sind dezentral organisiert, und die Miner des Netzwerks müssen alle getätigten Transaktionen in einen neuen Block schreiben, der an die Blockchain gehängt wird. Wer einen korrekten neuen Block erzeugt und an die Blockchain gehängt hat, bekommt dafür eine Belohnung in Form von neuen Coins. In diesem Prozess stellt sich allerdings die Frage: Wer darf das eigentlich? Wer darf seinen Block an die Blockchain anhängen? Das Proof-of-Work-Verfahren löst dieses Problem auf eine ziemlich simple Art und Weise.

Die Miner müssen nicht nur alle getätigten Transaktionen in einen neuen Block schreiben, sondern darüber hinaus noch eine extrem komplizierte kryptografische Aufgabe lösen, deren korrektes Ergebnis sie nur durch Ausprobieren herausfinden können. Da die Aufgaben immer schwieriger werden, ist das eine unfassbar aufwendige Methode, die immer größere Rechenkapazitäten und damit letztlich Strom verbraucht. Um es auf den Punkt zu bringen: Durch das Proof-of-Work-Verfahren

rechnen Millionen Computer völlig sinnlose Matheauf-
gaben, nur um nachzuweisen, dass sie extrem viel arbeiten. Das macht die ganze Technologie relativ immun
gegen Angriffe, ist aber gleichzeitig eine irrsinnige Verschwendung wertvoller Ressourcen. Schaffen es Bitcoin
und Co. in Zukunft nicht, dieses Problem in den Griff zu
bekommen, müssen sie sich nicht nur um ihre Effizienz,
sondern um ihre Existenz ernsthafte Sorgen machen.

Glücklicherweise gibt es bereits neue Ideen wie beispielsweise das *Proof-of-Stake*-Verfahren, um das Problem
anzugehen. Beim Proof-of-Stake-Verfahren darf nicht
derjenige seinen neuen Block an die Blockchain hängen
(und damit auch die Belohnung einstreichen), der möglichst viel Arbeit in das Lösen einer an sich sinnlosen
Matheaufgabe gesteckt hat, sondern die Wahrscheinlichkeit, einen neuen Block zu finden, steigt entsprechend
zum bestehenden Vermögen. Besitzt man beispielsweise
zwei Prozent der gesamten Geldmenge einer bestimmten
Kryptowährung, dürfte man auch zwei Prozent der
neuen Blöcke schreiben. Je größer Ihr Anteil an der Geldmenge, desto größer das Vertrauen, das Sie genießen –
das ist die Idee dahinter. Aber Sie sehen vielleicht schon:
Dieses Verfahren löst zwar das Energieproblem, weil die
stromfressende Rechenleistung weitestgehend wegfällt,
schafft dafür aber ein völlig neues Problem. Je mehr Vermögen man besitzt, desto mehr neue Blöcke darf man
schreiben und desto mehr Belohnung bekommt man
auch. Beim Proof-of-Stake-Verfahren werden also die
Reichen bevorzugt, die werden immer reicher, während
die Ärmeren kaum Chancen haben, durch Mining Coins
zu verdienen. Das Umweltproblem würde so auf Kosten
eines neuen Verteilungs- beziehungsweise Demokratie-
problems gelöst.

Auch wenn die perfekte Lösung des Bitcoin-Umweltproblems noch aussteht, denke ich, dass man das Ganze nicht überdramatisieren sollte. Ich vertraue auf den Ideenreichtum der vielen beteiligten Entwickler. Doch ob es tatsächlich gelingt, wird die Zukunft erst noch zeigen müssen – bevor jemand den Strom abstellt.

KÖNNEN KRYPTOWÄHRUNGEN REGULIERT WERDEN?

Wie bereits beschrieben sind Kryptowährungen dezentral und demokratisch organisiert. Änderungen und Umprogrammierungen können nur von Teilnehmern des Netzwerks vorgeschlagen werden, und bevor etwas passieren kann, muss darüber abgestimmt werden. Nur wenn die Mehrheit der Miner im Netzwerk der Änderung zustimmt, wird sie auch wirklich in neuen Blocks umgesetzt. Dieser Mechanismus verhindert, dass irgendjemand eine Kryptowährung zum Nachteil der anderen regulieren, also beeinflussen könnte. Die Gemeinschaft einer Kryptowährung könnte sich also quasi nur selbst regulieren, was den Gedanken einer Regulierung beziehungsweise Einschränkung von außen ausdrücklich ausschließt.

Rein theoretisch wäre es allerdings denkbar, dass ein extrem reiches Unternehmen so viel Mining-Hardware aufbaut, dass es irgendwann den Großteil eines Kryptonetzwerks kontrolliert. Auf diese Weise könnte ein Unternehmen dann auch beginnen, Änderungen einzuführen und eigene Regulierungen durchzusetzen. Allerdings ist das eben wirklich nur eine rein theoretische Möglichkeit, denn praktisch gibt es kein Unternehmen, das genug Mittel zur Verfügung hätte, um auch nur eine der großen

Kryptowährungen wie Bitcoin, Ethereum, Ripple oder Bitcoin Cash zu übernehmen. Außerdem: Selbst wenn so etwas passieren würde, könnten die Nutzer der Kryptowährung sich einfach eine andere Kryptowährung suchen oder sich gemeinschaftlich durch einen Fork vom übernommenen Teil des Netzwerks abspalten.

Eine Regulierung oder Übernahme von Kryptowährungen aus dem Netzwerk heraus ist also praktisch unmöglich. Etwas anders sieht das mit staatlichen Regulierungen aus. Politiker beziehungsweise Regierungen können Kryptowährungen in ihrem Land natürlich durch gesetzliche Vorschriften jederzeit regulieren. Zuletzt wurden vor allem in China und Südkorea staatliche Regulierungen durchgesetzt, durch die der Kryptomarkt stärker kontrolliert werden soll. Für südkoreanische Börsen beispielsweise wird es verpflichtend werden, Informationen über Transaktionen mit Kryptowährungen mit der Regierung zu teilen. Sogar ein generelles Verbot von Kryptowährungen wird in Südkorea diskutiert. Namen von Käufern und Verkäufern müssen registriert und gespeichert werden. Das Ziel der Maßnahmen ist ganz eindeutig, zu verhindern, dass Menschen anonym mit Kryptowährungen handeln können. So soll beispielsweise Steuerhinterziehung mit Kryptowährungen verhindert werden.

Auch in der Europäischen Union wird bereits verstärkt darüber diskutiert, welche Regeln man für die Kryptowelt aufstellen könnte. Anders als in China und Südkorea soll durch Regulierungen in der EU allerdings vor allem der Verbraucherschutz gestärkt werden – ein bei Kryptowährungen schwieriges Unterfangen. Ganz generell wird es spannend sein zu beobachten, wie Staaten in den nächsten Jahren versuchen werden, das neue Geld in geordnete Bahnen zu lenken. Welche Ideen und Lösungen auch immer erdacht werden: Staaten können zwar Gesetze und Regeln für den Handel oder den Umgang mit Kryptowährungen aufstellen, sie können Kryptowährungen aber letztlich nicht aufhalten. Denn durch die dezentrale Struktur von Kryptowährungen können Staaten nicht einfach irgendwelche Server beschlagnahmen oder ausschalten. Dank ihrer netzwerkartigen Struktur sind Kryptowährungen schon ab einer relativ kleinen Größenordnung schlicht und ergreifend durch niemanden so einfach zu stoppen.

Selbst wenn Staaten ein Verbot für Kryptowährungen einführen würden, wäre es extrem schwierig, dieses auch durchzusetzen. Das hat die Praxis bereits mehrfach bewiesen! Derzeit gibt es einige Länder wie zum Beispiel Bolivien, Ecuador oder auch Bangladesch, in denen der Handel mit Bitcoin verboten ist. Dieses Verbot bezieht sich aber eben nur auf den Handel innerhalb der jeweiligen Landesgrenzen. Mit einem Browser, der den eigenen Standort verschleiert, kann man auch von diesen Ländern aus ganz einfach bei einer Handelsplattform in einem anderen Land Kryptocoins kaufen. Um Kryptowährungen effektiv und vollständig zu stoppen, müssten schon sämtliche Länder der Welt gemeinsam ein Verbot durchsetzen.

Danach sieht es derzeit allerdings nicht aus! Im Gegenteil, es gibt immer mehr Staaten, die überlegen, ob sie nicht eigene digitale Währungen einführen sollten (wie Venezuela mit dem Petro im Februar 2018), die möglicherweise eines Tages ihr Papiergeld ersetzen könnten. So gab es beispielsweise immer wieder heiße Gerüchte um den russischen »CryptoRuble«. Der aufmerksame Leser merkt an dieser Stelle aber mit Sicherheit, dass das eine ziemlich abwegige Idee ist, denn damit würde man den Kerngedanken von Kryptowährungen – Dezentralität – ad absurdum führen.

KÖNNEN KRYPTOWÄHRUNGEN
GEHACKT WERDEN?

Viele Menschen sind verunsichert, denn in den Nachrichten liest man immer wieder von wilden Hackergeschichten aus der Kryptowelt. Aber da sollte man schon genau hinsehen: Kryptowährungen als Ganzes sind nicht hackbar. Niemand kann sich einfach irgendwie in die Blockchain einhacken und dort den Code verändern oder Coins stehlen. Dadurch, dass die Blockchain dezentral organisiert ist und Kopien von ihr gleichzeitig auf Millionen unabhängigen Computern gespeichert sind, ist ein solcher Angriff praktisch unmöglich. Im Grunde genommen sind Kryptowährungen sogar sicherer als die Datenbanken der klassischen Banken. Die sind nämlich zentral auf den Servern der Banken gespeichert und könnten dort tatsächlich gezielt angegriffen werden. Was wird dann also gehackt, wenn mal wieder von einem Hackerangriff in der Kryptowelt die Rede ist?

In der Regel wurde dann nicht die Währung selbst beziehungsweise die Blockchain attackiert, sondern einzelne Wallets oder große Unternehmen, die mit Kryptowährungen zu tun haben, gehackt. Der wohl berühmteste Fall eines solchen Hackerangriffs ist bis heute die Bitcoin-Handelsplattform Mt.Gox im Sommer 2011. Auf der Plattform konnte man Bitcoin kaufen und verkaufen, und gleichzeitig war die Plattform ein Online-Wallet-Anbieter. Ein großer Teil aller Bitcoin-Nutzer hatte früher ein Konto bei Mt.Gox, was bedeutete, dass Mt.Gox auch einen großen Teil aller Private Keys bei sich auf den Servern speicherte. Am 19. Juni 2011 gelang es einem Hacker, die Zugangsdaten eines Mt.Gox-Mitarbeiters zu stehlen. So konnte er auf den Server von Mt.Gox zugreifen und einen Teil der verwalteten Bitcoins stehlen. Insgesamt waren Konten im Wert von mehr als 8,75 Millionen US-Dollar betroffen. Der Vorfall schlug damals derart hohe Wellen, dass viele Nutzer vollkommen das Vertrauen in Bitcoin verloren und der Kurs crashte. Die Mt.Gox-Geschichte zeigt ein bis heute vorherrschendes Problem: Dadurch, dass die Welt der Kryptowährungen noch immer nicht ansatzweise so gut reguliert ist wie die Welt des klassischen Geldes, sind die Sicherheitsvorschriften für Plattformbetreiber vergleichsweise gering. Zwar gibt es mittlerweile Online Wallets und Krypto-Handels-plattformen wie Coinbase, die sehr viel in ihren Hacking-schutz investieren, doch mit den strengen Vorschriften, die für klassische Geldinstitute etwa beim Online-Banking gelten, ist das noch immer längst nicht zu vergleichen. Es ist also durchaus richtig, dass Kryptoplattformen anfällig für Hackerangriffe sind. (Mt.Gox ging übrigens wenige Jahre später insolvent, allerdings nicht aufgrund des Hacks von 2011.)

Regelmäßig werden auch Wallets von Nutzern gehackt. Mit verschiedenen Tricks verschaffen sich Hacker Zugang zu digitalen Portemonnaies und stehlen die darin gespeicherten Kryptocoins. Experten weisen deshalb immer wieder darauf hin, wie extrem wichtig es ist, dass man seine Wallets wirklich gut schützt und größere Guthaben am besten in Paper Wallets oder zumindest offline aufbewahrt. Auch Wallets sind also anfällig für Hackerangriffe.

ZUM SCHLUSS

Ich hoffe, ich konnte Ihnen mit diesem Text die wichtigsten Grundlagen zum Thema Kryptowährungen vermitteln. Natürlich gibt es darüber hinaus noch viel mehr zu lernen und zu entdecken. Die tagesaktuellen Entwicklungen veralten dabei aber so schnell, dass man sie in einem Buch gar nicht angemessen abbilden kann, denn fast täglich gibt es Nachrichten zu neuen Coins, möglichen Verboten oder neuen Gesetzen. Dieses Buch beinhaltet jedoch das nötige Wissen und Verständnis, um alle neuen Meldungen verstehen und einordnen zu können. Es erhebt dabei keinen Anspruch auf Vollständigkeit oder darauf, die neuesten Aktualitäten in Sachen Kryptowährungen abzubilden.

Ich freue mich sehr, wenn ich Sie mit meinem Interesse für das »neue Geld« anstecken und Ihnen zeigen konnte, welche Rolle Bitcoin und Co. möglicherweise bald für uns alle spielen.

Zum Ende dieses Buches möchte ich den vielen Menschen danken, ohne die es nie entstanden wäre. Als Erstes wäre da die großartige Frau an meiner Seite: Jennifer Sieglar! Danke, dass du meine stundenlangen Vorträge zum Thema Kryptowährungen ausgehalten und mich jederzeit unterstützt und motiviert hast. Du bist die Beste!

An zweiter Stelle möchte ich meiner Lektorin Anja Hänsel danken: Anja, das war jetzt schon unser zweites Buch und es war mir wieder einmal ein Fest, mit dir zu arbeiten. Deine Anmerkungen, Ideen und Fragen haben auch dieses Buch hier wieder deutlich nach vorne gebracht. Danke auch an Steffen Geier für die großartige Textarbeit. Wenn man als Autor über die Anmerkungen des Lektors laut lachen muss, hätte es wohl besser nicht laufen können.

Dann möchte ich natürlich meiner Familie danken: Ohne euch wäre ich nicht wer ich bin, ohne euch hätte ich nie gelernt, so kritisch und neugierig zu denken und zu hinterfragen. Ihr seid toll!

Danke an meinen guten Freund Jan Steiert, mit dem ich ganze Nächte über das Thema Kryptowährungen diskutiert und philosophiert habe.

Zu guter Letzt möchte ich meinem Buchagenten Ulf-Gunnar Switalski danken: Ulf, du weißt, ohne dich hätte ich überhaupt nie ein Buch geschrieben! Danke für die tolle Zusammenarbeit, ich freue mich auf die nächsten Bücher.

GLOSSAR

Altcoins
Altcoins ist ein Sammelbegriff für alle alternativen, nach Bitcoin entstandenen Kryptowährungen. Einige unterscheiden sich mehr, andere weniger stark von Bitcoin. Siehe auch: *Dash*, *Ethereum*, *IOTA*, *Litecoin* und *Ripple*.

Bitcoin
Bitcoin ist vermutlich der Grund dafür, dass Sie dieses Buch lesen. Es ist die bekannteste, wertvollste und am weitesten verbreitete Kryptowährung der Welt. Bitcoin basiert auf der Blockchain-Technologie und gilt als Mutter aller Kryptowährungen. Bis heute kann Bitcoin seine Marktführerschaft halten, hat allerdings mit Problemen wie der Block-Size-Debatte zu kämpfen.

Block
Bei den meisten Kryptowährungen wird vom dezentralisierten Netzwerk in regelmäßigen Zeitintervallen ein neuer Block geschrieben, in dem alle im Zeitintervall durchgeführten Transaktionen gespeichert sind. Jeder Block ist wie eine Seite in einem ewigen Kontoauszug für die ganze Kryptowährung.

Blockchain

Durch das Aneinanderhängen von Blocks entsteht die Blockchain – also die Kette von Blocks. Letztlich ist die Blockchain nicht mehr als eine Art Register, in dem alle jemals in einer Kryptowährung durchgeführten Transaktionen stehen. Die Blockchain wird von einem dezentralen Netzwerk von Computern gepflegt und permanent aktualisiert. Sie ist das Herzstück der meisten Kryptowährungen.

Block Size

Als Block Size wird die maximale Größe eines einzelnen Blocks bezeichnet. Je größer die Block Size, desto mehr Transaktionen können pro Zeitintervall durchgeführt werden, weil schlicht und ergreifend in einen größeren Block mehr Transaktionen passen. Besonders heftig wird die Block Size innerhalb der Bitcoin-Community diskutiert.

Cloud Mining

Weil man als Einzelperson heute kaum noch profitabel minen kann, haben sogenannte Cloud-Mining-Anbieter große Rechenzentren in Ländern mit günstigem Strom gebaut. Als Benutzer kann man bei solchen Anbietern Rechenleistung mieten und damit indirekt Coins minen.

Coinbase

Coinbase ist eine der größten Handelsplattformen für Bitcoin und Altcoins weltweit.

Dash

Dash ist eine der derzeit bekanntesten und verbreitetsten Altcoins, die nach eigenen Angaben besonders viel Wert auf Schnelligkeit, Anonymität und Sicherheit legt. An

Dash ist außerdem besonders, dass es eine Art Dachgesellschaft gibt, welche die Weiterentwicklung der Währung in gewisser Weise zentralisiert, aber dafür auch die Entscheidungsfindung beschleunigt.

Dezentralisierung

Der entscheidende Unterschied von Kryptowährungen zu klassischem Geld ist, dass Kryptowährungen durch die dezentralisierte Blockchain funktionieren. Das bedeutet, dass nicht zentral, etwa auf dem Server einer großen Bank, gespeichert wird, wer an wen wie viel bezahlt hat. Stattdessen wird die Buchführung dezentral von einem weltweiten Netzwerk von Computern durchgeführt. Das macht die Währung einerseits sicher vor Hackerangriffen und Manipulationen, andererseits ermöglicht die Struktur eine demokratische Peer-to-Peer-Organisation und macht Banken überflüssig.

Ethereum

Ethereum ist seit einiger Zeit eine der beliebtesten Altcoins. Die Währung zeichnet sich vor allem durch *Smart Contracts* aus, die es erlauben, die Kryptowährung zu programmieren und Zahlvorgänge zu automatisieren.

Fiatgeld

Fiatgeld ist ein Objekt ohne inneren Wert, das als Tauschmittel dient. Das Gegenteil von Fiatgeld wäre Warengeld, also zum Beispiel Tabak, Reis oder Gold. Sowohl unser heutiges, klassisches Geld als auch Kryptowährungen sind Fiatgeld.

Fork

Als Fork bezeichnet man das Abspalten eines Teils der Community einer Kryptowährung, meist aufgrund von unvereinbaren Sichtweisen hinsichtlich der (technischen) Weiterentwicklung der Kryptowährung. Nach einem Fork gibt es eine »alte« und eine »neue« Version der bisherigen Währung. Bis zum Zeitpunkt des Forks teilen beide eine gemeinsame Transaktionsgeschichte, danach gehen sie getrennte Wege und sind nicht mehr miteinander kompatibel.

Hardware Wallet

Ein Hardware Wallet ist ein Gerät, meist nicht größer als ein USB-Stick, auf dem Private Keys gespeichert werden können. Anders als bei Software Wallets werden Private Keys auf einem Hardware Wallet besonders geschützt abgespeichert, wodurch sie nicht so leicht gehackt werden können. Außerdem können Hardware Wallets vom PC und damit vom Internet getrennt werden, was sie vor Angriffen schützt.

IOTA

IOTA ist eine alternative Kryptowährung, die sich besonders dadurch auszeichnet, dass damit Maschinen andere Maschinen bezahlen können. Das macht IOTA besonders für das »Internet der Dinge« spannend.

Kryptocoins

Als Kryptocoins bezeichnet man die einzelnen Einheiten verschiedener Kryptowährungen. Bei einigen Kryptowährungen heißen die einzelnen Kryptocoins wie die Währung selbst, zum Beispiel bei Bitcoin ist das so. Bei anderen Kryptowährungen ist das anders. Bei Ethereum zum Beispiel werden die einzelnen Kryptocoins Ether genannt.

Litecoin

Litecoin war eine der ersten alternativen Kryptowährungen. Bis heute gehört Litecoin zu den Top-Altcoins, obwohl sich die Kryptowährung nur minimal von Bitcoin unterscheidet. Abgesehen von einer schnelleren Transaktionszeit ist Litecoin im Grunde genommen ein Bitcoin-Klon.

Mining

Mining ist der Prozess, bei dem Rechenleistung zur Verarbeitung von Transaktionen, zum Absichern und Synchronisieren aller Nutzer im Netzwerk zur Verfügung gestellt wird. Als Belohnung erhalten Miner neue Kryptocoins. Deshalb wird Mining auch als digitales Goldschürfen bezeichnet. Die Miner verdienen virtuelles Geld damit, dass sie ihre Rechenleistung zur Aufrechterhaltung des Netzwerks zur Verfügung stellen.

Node

Ein Node ist übersetzt so etwas wie ein Knotenpunkt. In der Kryptowelt bezeichnet man als Node einen einzelnen Computer, der zum Beispiel mit dem Bitcoin-Netzwerk verbunden ist.

Online Wallet

Ein Online Wallet ist eine spezielle Form des *Wallets*. Die *Private* und *Public Keys* des Nutzers werden dabei auf dem Server eines Drittanbieters gespeichert. Zugreifen kann der Nutzer auf sein Online Wallet über eine Website, auf der er sich mit Nutzernamen und Passwort einloggen kann – wie beim klassischen Online-Banking. Vorteil des Online Wallets ist, dass sich der Drittanbieter um den Schutz vor Hackern kümmert – Nachteil ist, dass die eigenen Private und Public Keys auf dem Server des

Drittanbieters liegen, was es diesem theoretisch ermöglicht, diese zu stehlen.

Open Source

Als Open Source wird ganz generell Software bezeichnet, deren Quelltext öffentlich zugänglich gemacht wird, das heißt von Dritten eingesehen, geändert und genutzt werden kann. Kryptowährungen beruhen auf dem Open-Source-Prinzip, da sie dezentral von der Community weiterentwickelt werden. Niemand verfügt über alleinige Hoheitsrechte bezüglich der Kryptowährung, stattdessen kann jeder beispielsweise den Code von Bitcoin einsehen und Änderungswünsche daran äußern.

Paper Wallet

Ein Paper Wallet ist eine spezielle Form des *Wallets*. Im Grunde genommen ist ein Paper Wallet nicht mehr als ein Stück Papier, auf dem *Private Keys* stehen. Ein Paper Wallet hat den Vorteil, dass es nicht gehackt werden kann – aber den Nachteil, dass es einfach gestohlen, abgeschrieben werden oder aber auch verloren gehen kann. Viele Menschen nutzen mehrere Paper Wallets, die an verschiedenen Orten abgelegt werden, parallel, um größere Ersparnisse sicher aufzubewahren.

Petro

Der Petro ist die erste staatliche Kryptowährung der Welt. Er wurde 2018 von Venezuela eingeführt, nachdem die reguläre Währung, der Bolívar fuerte, unter einer Hyperinflation zusammenbrach. Der Petro soll angeblich mit jeweils einem Barrel der Rohölreserven gesichert sein. Am 20. Februar 2018 wurde der Verkauf der digitalen Münzen gestartet.

Private Key

Der Private Key ist ein kryptografischer Code, der es einem Nutzer ermöglicht, über seine Coins zu verfügen. Der Private Key ist also so etwas wie Passwort und TAN in einem und sollte deshalb unbedingt gut geschützt werden. Wer den Private Key zu einem bestimmten Vermögen besitzt, kann darüber verfügen.

Proof of Stake

Das Proof-of-Stake-Verfahren versucht das Verschwendungsproblem des *Proof-of-Work*-Verfahrens zu lösen, indem nicht derjenige seinen neuen Block abspeichern darf, der am härtesten gearbeitet hat, sondern derjenige, der ein größeres Vermögen besitzt, auch mehr schürfen darf. Es gibt also keine komplizierten, kryptografischen Aufgaben mehr, deren Lösung Unmengen an Energie verschwendet. Der Nachteil des Proof-of-Stake-Verfahrens ist allerdings, dass diejenigen am meisten neue Blocks abspeichern dürfen und dafür eine Belohnung bekommen, die sowieso schon über das größte Vermögen verfügen. Beim Proof-of-Stake-Verfahren werden also die Reichen immer reicher und mächtiger, was der ursprünglich demokratischen Idee von Kryptowährungen zuwiderläuft.

Proof of Work

In einem Blockchain-Netzwerk muss das Netzwerk der Teilnehmer alle getätigten Transaktionen bestätigen und in neuen Blöcken speichern, die an die Blockchain gehängt werden. Mit dem Proof-of-Work-Verfahren wird geregelt, wer das darf. Alle Teilnehmer müssen nämlich nicht nur den neuen Block korrekt schreiben, sondern darüber hinaus auch noch eine komplizierte, kryptografische Aufgabe lösen. Wer diese Aufgabe als Erster richtig

gelöst hat, darf seinen Block in der Blockchain abspeichern und bekommt die Belohnung. Man könnte das
Prinzip salopp umschreiben mit: »Wer am härtesten
arbeitet, bekommt auch etwas dafür!« Der Nachteil des
Proof-of-Work-Verfahrens ist, dass es immer kompliziertere Rechenaufgaben braucht, deren Lösung wiederum
viel Zeit und Strom beansprucht, was nicht zuletzt auch
zu einem Umweltproblem werden kann.

Public Key

Bei Kryptowährungen wird das eigene Guthaben in *Wallets* verwaltet. Der Public Key ist dabei eine öffentliche
Adresse des Wallets, an die andere Personen Coins schicken können. Der Public Key ist also mit der Kontonummer im klassischen Geldsystem vergleichbar.

Ripple

Ripple ist eine der beliebtesten Altcoins. Die Kryptowährung ermöglicht blitzschnelle Zahlungsabwicklungen in
sämtlichen gängigen Währungen wie beispielsweise Dollar, Euro, Yen oder auch Bitcoin. Es ist also keine vollkommen eigenständige Kryptowährung, sondern eine Kryptowährung, die bestehende Währungen um die Funktion
einer sofortigen Transaktion erweitert.

Satoshi Nakamoto

Das Pseudonym des Entwicklers von Bitcoin. Kurz nach
Einführung von Bitcoin hat sich Satoshi zurückgezogen.
Bis heute ist nicht klar, wer hinter dem Pseudonym
steckt – es könnte eine Einzelperson, aber auch eine
ganze Gruppe von Personen sein.

Smart Contracts

Smart Contracts sind automatische Verträge, die bei bestimmten Ereignissen in Kraft treten. Sind sie erst einmal entsprechend programmiert, benötigen sie keine menschliche Überwachung oder Bestätigung mehr. Mithilfe von Smart Contracts könnten bestimmte Zahlungsvorgänge mit Kryptowährungen vollkommen automatisiert werden, so könnte beispielsweise Ihr Auto selbsttätig zum Tanken fahren und dafür bezahlen.

Software Wallet

Ein Software Wallet ist eine besondere Form des *Wallets*. Es handelt sich dabei um ein Programm, das auf dem PC des Nutzers installiert wird. Das Programm verwaltet dann lokal auf dem Computer des Nutzers *Public* sowie *Private Keys*. Das macht die Bedienung komfortabel, aber wird der Computer gehackt, ist auch das Software Wallet in Gefahr, geleert zu werden.

Wallet

Das Wallet ist das digitale Portemonnaie, in dem Nutzer ihre Kryptocoins verwalten können. Dabei gibt es unterschiedliche Arten von Wallets wie beispielsweise *Software*, *Hardware* oder *Paper Wallets*. Außerdem gibt es Wallets für einzelne oder mehrere unterschiedliche Kryptowährungen. Im Wallet werden *Private* und *Public Keys* gespeichert, wodurch der Nutzer Zahlungen senden und empfangen kann.

Ein Überblick über die wichtigsten Nachrichtenthemen unserer Zeit

*Cover- und Preisänderungen vorbehalten

Jennifer Sieglar / Tim Schreder

Ich versteh die Welt nicht mehr

Die wichtigsten Nachrichten
verständlich erklärt

Piper Paperback, 304 Seiten
€ 15,00 [D], € 15,50 [A]*
ISBN 978-3-492-06097-4

Der Islamische Staat verbreitet weltweit Angst und Terror, in den USA wird ein Außenseiter zum Präsident gewählt, aus der Türkei vernimmt man ständig neue Schreckensmeldungen über Präsident Erdoğan und die AfD gewinnt dauernd Wählerstimmen hinzu – die Welt der Nachrichten dreht sich immer schneller, dabei sind viele Themen ohne fundiertes Hintergrundwissen kaum zu verstehen. Zugleich konsumieren viele Menschen diese Meldungen vor allem bruchstückhaft über die sozialen Medien. Hier setzt »Ich versteh die Welt nicht mehr« an und bietet auf verständliche und unterhaltsame Art Hintergründe zu den 24 wichtigsten Nachrichtenthemen unserer Zeit.

Leseproben, E-Books und mehr unter **www.piper.de**

PIPER